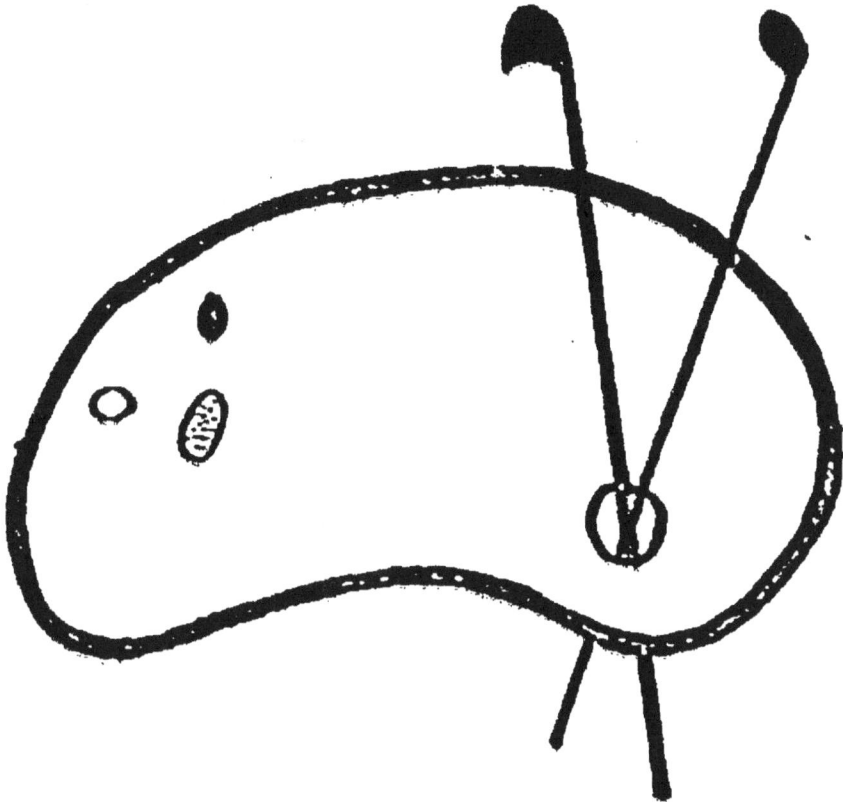

COUVERTURE SUPERIEURE ET INFERIEURE
EN COULEUR

Faculté de Droit de Paris

Thèse de Doctorat

Les Congrégations Religieuses

et

l'Impôt — par Georges Bac

THÈSE DE DOCTORAT

FACULTÉ DE DROIT DE PARIS

LES
CONGRÉGATIONS RELIGIEUSES

ET

L'IMPOT

LA TAXE DE 4 % SUR LE REVENU
LE DROIT D'ACCROISSEMENT

THÈSE POUR LE DOCTORAT

—

L'acte public sur les matières ci-après sera soutenu le mercredi 25 mars 1896, à 1 heure.

PAR

Georges BAER

AVOCAT A LA COUR D'APPEL
DIPLÔMÉ DE L'ÉCOLE DES SCIENCES POLITIQUES

Président : M. WEISS
Suffragants : { MM. CHAVEGRIN, *professeur*
CHÉNON *agrégé*

PARIS
Librairie Nouvelle de Droit et de Jurisprudence
ARTHUR ROUSSEAU, ÉDITEUR
14, RUE SOUFFLOT ET RUE TOULLIER, 13

—

1896

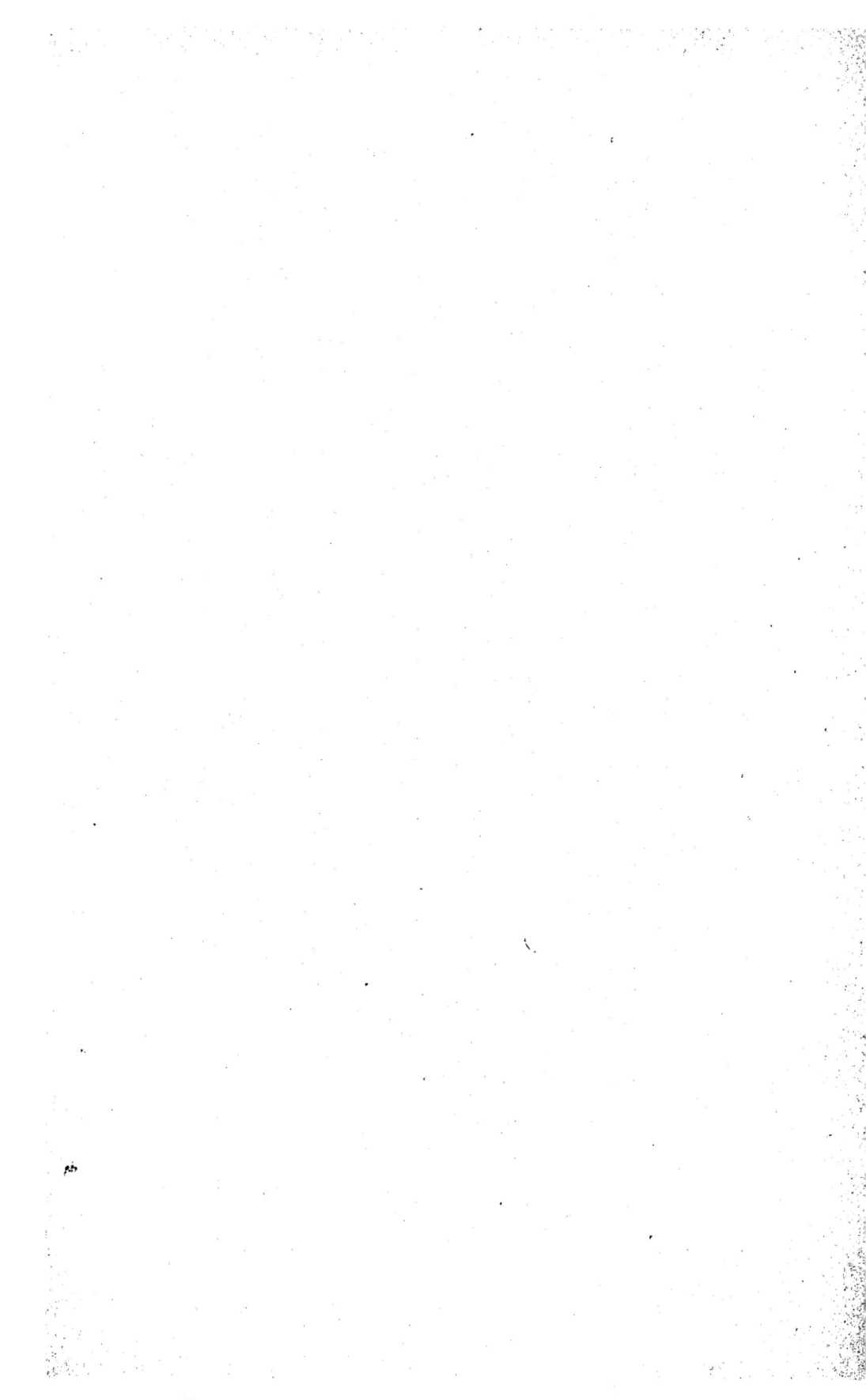

PRÉFACE

Ce travail ne saurait être une œuvre de polémique. Étranger aux disputes du dehors, nous avons dans le silence des bibliothèques recherché ce qu'avait été, ce qu'était la situation fiscale des congrégations religieuses. Indifférent à leur prospérité comme à leur décadence, nous avons abordé cette étude avec les seules lumières de la raison : et c'est parce que nous prétendons avoir fait œuvre de bonne foi et de recherche scientifique désintéressée que nous l'avons présentée comme thèse de doctorat à la Faculté de droit de Paris.

Un ordre nécessaire s'imposait à nous ; l'étude des impôts de nouvelle formation qui atteignent les congrégations religieuses demande la connaissance au moins superficielle des principes généraux qui régissent ces établissements ; et nous les avons d'abord exposés, posant ainsi les données du problème qu'il nous fallait résoudre plus loin. Aborder ensuite la législation fiscale contemporaine sans en connaître les origines, c'eût été s'exposer à la mal comprendre ; nous avons tenu à esquisser une histoire dont la considération même importait à la claire exposition des règles qui gouvernent les taxes par nous étudiées. La logique du sujet a fait converger les divers éléments de notre thèse en vue de la connaissance complète d'un système d'impôts qui, indépendamment du bruit qui s'est fait autour de lui, s'impose par sa nature propre à l'attention et aux réflexions du juriste et du financier.

1

Ainsi se justifie la division de notre étude en 4 chapitres dont suivent les intitulés :

Chapitre 1er. — Considérations sur la situation juridique des congrégations religieuses ;

Chapitre 2e. — Considérations sur l'histoire fiscale des congrégations religieuses ;

Chapitre 3e. — L'impôt sur le revenu de la loi de 1880 ;

Chapitre 4e. — Le droit d'accroissement.

On remarquera d'une part que nous avons absolument laissé de côté les impôts généraux, lesquels n'intéressent en rien la main morte religieuse ; et d'autre part que nous n'avons pas consacré un chapitre spécial de notre ouvrage à la taxe de la loi du 20 février 1849 ; le lecteur jugera sans doute suffisantes les explications que lui consacre notre second chapitre.

CHAPITRE I

CONSIDÉRATIONS SUR LA SITUATION JURIDIQUE DES CONGRÉGATIONS RELIGIEUSES

La notion de *congrégation* a toujours été considérée comme peu nette. Merlin déjà constatait que le sens de ce mot était vague, et que les auteurs, même les plus compétents en matière religieuse n'en avaient donné qu'une signification incertaine ; ce serait une association particulière, ayant des règles propres, au sein d'un ordre religieux ; telle la congrégation de Saint-Maur, au sein de l'ordre Saint-Benoît (1).

Il en est de même en droit ; si les méprises, les désaccords, les conflits ont été nombreux sur ce sujet, on peut dire que c'est à raison des incertitudes qui sont à la base de toute discussion en cette matière : « Puisque le langage est l'instrument nécessaire ne la pensée disait notre maître regretté, monsieur Beudant, toute imperfection dans l'instrument ou dans la manière de s'en servir expose, si l'on n'y prend garde, à d'inévitables confusions. De là l'utilité des définitions arrêtant préalablement la signification des mots, soit leur signification d'usage, soit celle qu'on entend leur donner » (2). Qu'est-ce donc qu'une congrégation? on la considère souvent comme une réunion, une société, une association. Est-ce l'une ou l'autre? Ce qui caractérise la réunion, c'est le fait que plusieurs individus sont assem-

(1) *Rép. de Jurisprudence*, t. VI, p. 22.
(2) BEUDANT. *Le Droit individuel de l'Etat*, 2ᵉ édit. p. 16.

blés et rien d'autre ; il y a dans la congrégation quelque
chose de plus qu'un groupement passager d'invidualités
qui après s'être rencontrées s'ignoreront ensuite les unes
les autres. Ce n'est pas une société — et nous aurons plus
loin à en tirer les conséquences nécessaires — parce
qu'une congrégration n'a point un but de bénéfices à réaliser. C'est autre chose qu'une association (1). parce qu'on
peut concevoir celle-ci sans aucun groupement, et qu'on ne
saurait imaginer une congrégation sans la vie en commun.

Sans doute les religieux se réunissent, mais leur réunion
dure ; leur but est commun et identique ; ils ne sont pas
assemblés pour la discussion mais en vue de résultats po-
sitifs. Sans doute, ils peuvent se livrer à des opérations
lucratives, mais ils les accomplissent alors comme simples
citoyens, non comme membres d'une congrégation. Sans
doute, comme l'association, la congrégation est une organisation et non une simple juxtaposition d'individus ; mais
alors que l'unité morale domine les volontés des associés,
celle de la congrégation absorbe les individualités des
congréganistes ; leurs volontés ne sont plus libres comme
celles des associés. Ceux-ci font le sacrifice d'une partie
de leur temps ; ils ne renoncent point à la vie ordinaire ;
les religieux aliènent entièrement leur liberté, ils sont
corps et âme au couvent. La conséquence de ce parallèle
est nette : *La législation des associations ne sera pas celle
des congrégations* (2).

C'est là une idée que nous devons toujours avoir présente à l'esprit : elle nous éloignera de la tentation d'appliquer — par suite d'arrière-pensées opposées — la législation des associations soit en faveur soit par haine des congré-

(1) Voyez GIDE, *du droit d'association en matière religieuse*,
thèse, 1872, page 228 et s...
(2) Nous avons pris le mot association dans son acception étroite ;
mais il nous arrivera de l'employer dans son sens large ; nos lois fiscales n'hésitent pas à le faire.

gations, alors que les personnes morales en question diffèrent essentiellement les unes des autres par leur nature. Ce qui le prouve, c'est l'assimilation toujours faite des congrégations aux corporations *perpétuelles de leur essence*, et c'est surtout la législation spéciale que tous les pays et toutes lesépoques leur ont appliquées : « Je m'étonne, s'écriait M. Emile Ollivier, (1) parlant des lois successives qui avaient été édictées contre les congrégations, je m'étonne quand j'entends dire que ces lois sont des lois de haine et qu'elles sont nées des mauvais jours. Des lois de haine, celles que Justinien a faites, que Charlemagne a maintenues, que saint Louis a approuvées, que Louis XIV a consolidées, et que Napoléon a renouvelées ! Si de tels hommes ont haï la religion catholique, où chercher ceux qui lui ont témoigné de l'amour? Disons plutôt que cette législation a des raisons profondes et que sa destruction, n'importe à quelle époque, serait un malheur public. »

N'ajoutons aux leçons de l'histoire — au milieu de pays qui tous ont établi une législation spéciale aux congrégations (2) — que l'exemple de l'Angleterre. Les Anglais ont établi une distinction fondamentale dans leurs lois entre les *congrégations* (particulièrement celles d'hommes) et les *associations* religieuses. Il y a des textes qui prohibent les premières, tandis que d'autres non seulement favorisent le développement des secondes, mais leur appliquent encore des dispositions d'exception (les substitutions fidéicommissaires en leur faveur sont dispensées de toutes formalités et de tous frais).

Pourquoi a-t-on ainsi édicté une législation spéciale aux

(1) *Revue pratique* 1858, t. 1, p. 104 ; plaidoirie par Mme la marquise de Guerry, contre la communauté de Picpus.

(2) Voir *Annuaire Législation comparée*, 1881, page 511, pour l'Angleterre — et page 467 — 480 pour les Etats-Unis. Comp. article 70 § 4 de la constitution républicaine du Brésil qui retire aux congréganistes leurs droits de citoyens.

congrégations religieuses? Un triple motif, politique, économique, juridique, en donne l'explication. Ces établissements par leur rôle et par leur nature, sont de ceux qui
peuvent le plus troubler l'État, soit dans sa constitution
intérieure, soit dans ses rapports avec l'Église. Cela a été
maintes fois remarqué, et nuls ne l'ont mieux expliqué
que les deux Portalis, le neveu et l'oncle (1). Le premier
écrivait en 1846, dans un livre intitulé : « *La liberté de
conscience et le statut religieux* » les lignes suivantes (2) :
« Il n'est pas de personnalité plus exigeante que celle des
mainmortables. Il n'est pas d'égoïsme plus intraitable et
plus cruel. Périssent les familles! Périssent de malheureux
enfants! Périssent des communautés entières! Périsse
même l'État pourvu que le couvent soit riche et puissant!
pourvu que les congrégations fleurissent avec éclat,
pourvu que les intérêts particuliers des affiliations religieuses soient respectés. Chose étrange et que les histo-
riens ont souvent reproduite, la religion elle-même qui est
la source vive d'où découlent les congrégations, est moins
précieuse pour celles-ci que leur propre splendeur! Tout
doit être immolé à la perpétuité de l'ordre, et ce sentiment
intraitable est l'élément de la force monastique et contient
le secret de sa durée. » Le grand Portalis en avait par
avance tiré les conclusions dans ses rapports à Napoléon Ier : « Il serait inouï, écrivait-il le 19 prairial an XII,
que l'État pût être contraint d'admettre des hommes qu'il
ne connaît point; et il ne peut les connaître que lorsqu'ils
présentent leur institut, leurs lois et constitutions. » Il y
a là une raison politique qui n'a jamais été contestée; il
n'en est pas de même de la raison économique.

Elle est, elle aussi, de tradition. Montesquieu, se faisant

(1) Voyez de PORTALIS, *Les documents sur le Concordat*, t. 2,
p. 457 et s...
(2) Page 449.

l'écho de toutes les opinions, au 18e siècle, nous rapporte(1)
en termes bien connus les protestations contre la
mainmorte : « ces acquisitions sans fin paraissent aux
peuples si déraisonnables que celui qui voudrait parler
pour elles serait regardé comme un imbécile » et il ajoute :
« les lois civiles trouvent quelquefois des obstacles à changer des abus établis, parce qu'ils sont liés à des choses
qu'elles doivent respecter; dans ce cas, une disposition
indirecte marque plus le bon esprit du législateur qu'une
autre qui frapperait sur la chose même (2). »

Les publicistes contemporains discutent fort sur la
main morte et ses progrès. Si la main morte est à craindre, les établissements de main morte doivent être sur-
veillés et soumis à des restrictions. Or beaucoup d'auteurs contestent ses inconvénients ; ils prétendent au
moins aussi dangereuses les grosses fortunes, argument
peu de nature à toucher tous ceux, qui de plus en nombreux chaque jour, pensent qu'une progressivité n'est pas
un acheminement à l'expropriation, mais simplement à
l'égalité vraie, et qu'il y aurait danger pour l'État à l'accumulation de trop de capitaux dans les mêmes mains. Au
point de vue économique (3), il y aurait inconvénient à ce
que la répartition aboutit à une concentration excessive
de biens au profit d'êtres moraux qui, n'ayant pas de

(1) MONTESQUIEU. Œuvres complètes, Edit. Hachette, 1889, t. 2,
p. 120 et s...

(2) Ailleurs Montesquieu indique des raisons politiques : comme aux
hommes de son époque, les Jésuites lui font particulièrement peur :
c'est ainsi qu'on lit dans ses Pensées : « J'ai peur des Jésuites. Si j'offense quelque grand, il m'oubliera, je l'oublierai ; je passerai dans
une autre province, dans un autre royaume; mais si j'offense les Jésuites à Rome, je les trouverai à Paris, partout ils m'environnent, la
coutume qu'ils ont de s'écrire sans cesse entretient leurs inimitiés.
(Page 430, Edit. Hachette, tome 2).

(3) CAUWÈS, cours d'Econ. politique, t. 3. p. 444 et s..., n. 1023.
RIVET, Revue catholique des instit. du droit, 1892, t. 1er, page 29.

durée définie peuvent produire une œuvre d'accumulation
progressive au service d'idées anciennes et abandonnées
des nouvelles générations ; ces biens seraient perdus pour
la circulation des richesses et leur productivité même
serait toujours moins considérable par suite de l'absence
d'intérêt personnel. Un économiste renommé, M. Hippo-
lyte Passy a même été plus loin dans son argumentation ;
selon lui, la liberté ou le droit ont leur limite, là où leur
exercice atteint dommageablement la liberté et le droit
d'autrui, et tout consiste, en ce qui touche le bien de
main morte, à savoir s'il est possible d'en constituer sans
empiéter sur la liberté et le droit de tous. C'est ce qui ne
se peut d'aucune manière. Du moment où une portion du
sol, un genre quelconque de propriété limitée ou étendue
devient le partage incontestable d'un nombre donné de
personnes, il est interdit au reste de la population de tra-
vailler à en acquérir la possession, et le droit commun
est violé dans une de ses applications les plus essentielles.
Qui ne voit qu'une telle argumentation supprime le droit
de propriété lui-même. L'économiste éminent soutenait
ces propositions lors d'une discussion, à la Société d'Économie politique (1) ; ce fut un juriste qui lui répondit,
M. Renouard, conseiller à la Cour de Cassation. Celui-ci
montra que la question économique était étroitement liée
à la question juridique (il eut pu ajouter « et à la question
politique »). Tout se résume dans l'étude des conditions
d'existence des corporations.

S'il était vrai de dire qu'elles existent de plein droit,
comme les individus, elles pourraient et devraient, comme
eux, avec la même latitude, être propriétaires. Si, au
contraire, la loi positive est, à un certain degré, maî-
tresse de leur existence et de ses conditions, elle peut,
au même titre et dans la même mesure, régler l'exercice

(1) *Journal des Économistes*, avril 1861.

de leur faculté de propriété. Or, les congrégations religieuses sont des personnes juridiques, c'est-à-dire qu'elles n'existent que pour des fins juridiques déterminées. Leur nature même entraîne la nécessité du consentement de l'État : « Indépendamment de la raison politique, dit M. de Savigny (1), la nécessité du consentement de l'État pour la formation d'une personne juridique, trouve sa source dans la nature même du droit. L'homme par le seul fait de son apparition corporelle, proclame son titre à la capacité du droit... A ce signe visible, chaque homme, chaque juge sait les droits qu'il doit reconnaître, les droits qu'il doit protéger. Quand la capacité naturelle de l'homme est étendue fictivement à un être idéal, ce signe visible manque, et la volonté de l'autorité suprême peut seule y suppléer en créant des sujets artificiels du droit ; abandonner cette faculté aux volontés individuelles, ce serait infailliblement jeter sur l'état du droit une grande incertitude, sans parler des abus que pourraient entraîner les volontés frauduleuses ». Et le grand juriconsulte allemand voulant montrer tout ce que l'existence de la corporation a de fictif suppose une épidémie lui enlevant tous ses membres : la corporation existe encore !

Nature des congrégations, considérations politiques, économiques juridiques militent donc en faveur de l'intervention de l'État. Comment est-il intervenu en France ? L'examen rapide, mais nécessaire de notre législation sur les congrégations religieuses nous donnera la réponse. Qu'il s'agisse de congrégations de femmes, ou d'hommes, on peut résumer les dispositions législatives qui les concernent, en les groupant dans l'étude de ces trois questions.

1° A quelles conditions une congrégation ou une communauté peut-elle naître et être ?

_____

(1) SAVIGNY, *Traité de droit romain*, chap. 2, § 88, nos 2 et 8, traduction Guenoux, p. 239-284. La citation faite est à la page 276.

2° A quelles conditions est-elle soumise, pour vivre ?

3° Quelles sont les règles de sa dissolution ?

Distinguons les congrégations religieuses de femmes et les congrégations religieuses d'hommes. La législation *actuelle* qui régit les premières est contenue dans la loi organique du 24 mai 1825. Les articles 1 et 2 nous donnent les conditions d'existence de ces établissements :

Art. 1. — A l'avenir, aucune congrégation religieuse de femmes ne pourra être autorisée, et une fois autorisée, ne pourra former d'établissement, que dans les formes et sous les conditions prescrites dans les articles suivants.

Art. 2. — Aucune congrégation religieuse de femmes ne sera autorisée qu'après que ses statuts, dûment approuvés par l'évêque diocésain, auront été vérifiés et enregistrés au conseil d'Etat, en la forme requise pour les bulles d'institution canonique. Ces statuts ne pourront être approuvés et enregistrés, s'ils ne contiennent la clause que la congrégation est soumise dans les choses spirituelles, à la juridiction de l'ordinaire. — Après la vérification et l'enregistrement, l'autorisation sera accordée par une loi à celles de ces congrégations qui n'existaient pas au 1er janvier 1825. A l'égard de celles de ces congrégations qui existaient antérieurement au 1er janvier 1825, l'autorisation sera accordée par une ordonnance du Roi.

En principe, toute congrégation nouvelle a besoin d'une loi pour exister, par exception un acte du pouvoir exécutif suffit. Si nous nous reportons aux temps antérieurs à la Révolution, nous voyons que ce sont des ordonnances royales qui autorisent les établissements religieux ; mais on les considère comme d'une importance particulière et on les environne de formalités nombreuses ; les Edits se succèdent sur ce point et aboutissent à l'acte fondamental d'août 1749, dont nous parlerons à propos du droit d'amortissement, et dont le législateur s'est toujours souvenu, lorsqu'il s'est occupé des congrégations ; on exigeait des

lettres patentes, scellées du grand sceau, contresignées
par un secrétaire d'Etat, après enquête et enregistrées au
Parlement. Mais, comme les pouvoirs exécutif et législatif
étaient alors confondus, on n'eût pu dire si l'autorisation
d'une congrégation était alors du domaine de la loi ou
de l'ordonnance administrative. Aussi discuta-t-on souvent sur ce point. Le 2 janvier 1817, on paraît considérer
une loi comme nécessaire ; la pratique admet un décret ;
le gouvernement cherche maintes fois à faire consacrer
législativement ce principe et toujours le Parlement le
repousse. Il marque enfin sa volonté par la loi de 1825 :
c'est un acte du domaine du pouvoir législatif, mais, nous
semble-t-il, c'est néanmoins un acte d'administration, que
les Chambres accomplissent, à raison de son importance,
de même qu'il leur appartient maintes fois de déclarer
d'utilité publique des travaux d'utilité nationale ; de
même qu'en cette circonstance, la déclaration d'utilité
publique appartient parfois au gouvernement, en tant que
pouvoir exécutif, de même à raison de certaines circonstances, la reconnaissance sera opérée par un décret. Et
celui-ci interviendra d'autant plus souvent que plus fré-
quents sont les cas où le décret législatif du 31 janvier
1852 a permis la substitution de l'exécutif au législatif.

Dorénavant, les congrégations religieuses des femmes
pourront être autorisées par un décret :

1° Lorsqu'elles déclareront adopter, quelle que soit
l'époque de leur fondation, des statuts déjà vérifiés et
enregistrés au conseil d'État et approuvés pour d'autres
communautés religieuses ;

2° Lorsqu'il sera attesté par l'évêque diocésain que les
congrégations qui présenteront des statuts nouveaux au
conseil d'État existaient antérieurement au 1er janvier 1825;

3° Lorsqu'il y aura nécessité de réunir plusieurs communautés qui ne pourraient plus subsister séparément ;

4° Lorsqu'une association religieuse de femmes, après

avoir été d'abord reconnue comme communauté régie
par une supérieure locale, justifiera qu'elle était réellement dirigée, à l'époque de son autorisation, par une
supérieure générale, et qu'elle avait formé, à cette époque
des établissements sous sa dépendance.

Telles sont les conditions les plus générales, relatives
à l'existence des congrégations religieuses de femmes :
elles sont posées par des textes indiscutables, la loi de 1825
et le décret de 1852, actes spéciaux à ces établissements.

Il n'en est pas de même pour les règles concernant les
congrégations religieuses d'hommes ; elles se trouvent
éparpillées dans un nombre de dispositions assez considérable. On peut dire que la législation qui a suivi la
réunion des États-Généraux de 1789 subsiste encore pour
elles. Les ordres monastiques ont été détruits par les
décrets (1) du 19 février 1790 et du 18 août 1792. Aucun
texte du Concordat ou des lois organiques n'a abrogé ces
décrets. Bien plus, celui du 22 juin 1804 (3 messidor XII)
a confirmé ces actes ; les exceptions formelles faites en
1808 et 1809 le démontrent à leur tour, et la prohibition
de 1790 subsiste entière quand surviennent les lois du
2 janvier 1817 et du 24 mai 1825 qui abrogent les prohi-
bitions concernant les congrégations de femmes. Celles
qui concernent les congrégations d'hommes subsistent.
Il ne faudrait pas cependant poser ce principe d'une façon
trop absolue, l'article 4 du décret du 3 messidor XII autorise l'existence de l'*association* (cet acte n'emploie jamais
le mot congrégation) si elle a obtenu un *décret* impérial,
mais l'article 1er de la loi du 2 janvier 1817 exige la
reconnaissance par la *loi* ; ce qui revient à dire : « les
lois de 1790 et 1792 subsistent, à moins d'un texte
contraire les abrogeant totalement ou partiellement. »

(1) E. OLLIVIER, *Manuel de droit ecclésiastique*, pages 69 et 90
et s...

Dès 1817, il faut une loi pour qu'un établissement de religieux puisse exister ; mais si antérieurement, un décret l'a autorisé, il continuera à vivre. Chose curieuse ! aucune application de la loi de 1817 n'a été faite à la reconnaissance de nouvelles congrégations ; celles qui sont reconnues l'ont été antérieurement à la loi, ce sont les Lazaristes, les prêtres de Saint-Sulpice, du Saint-Esprit, et des Missions étrangères, ajoutons, mais à un autre titre, les Frères des Écoles chrétiennes. A certaines époques, le gouvernement a essayé de donner à une congrégation les avantages de la reconnaissance par la loi, sans qu'elle eût besoin de provoquer l'autorisation proprement dite. Les établissements d'utilité publique sont reconnus à ce titre par le chef de l'État au conseil d'État ; or les congrégations étant des établissements de ce genre, on a prétendu qu'un décret suffirait également pour elles ; on les considérait simplement à un autre titre, par exemple comme association charitable, ou comme association d'enseignement ; en d'autres termes, on appliquerait dorénavant la procédure qui, avant 1817, avait été suivie pour les Frères des Écoles chrétiennes, reconnus comme établissement d'utilité publique. Nous croyons qu'on ne saurait approuver un tel subterfuge ; avec le conseil d'État nous dirons qu'un décret n'a pu postérieurement à 1817, donner la personnalité civile à une congrégation religieuse d'hommes ; il n'a pu que soustraire les religieux à l'application des lois restrictives du droit d'association (1).

Qu'il s'agisse des congrégations d'hommes ou des congrégations de femmes, il faudrait donc en principe une

(1) On peut remarquer d'ailleurs que la reconnaissance d'utilité publique et la reconnaissance d'une congrégation n'ont pas le même objet ; la première implique la constatation du but d'utilité générale de l'établissement créé ; la seconde est accordée si l'ordre public et l'extension de la main morte ne s'y opposent pas.

loi. Mais qu'aurait-elle autorisé ? Est-ce une congrégation dans son ensemble et pour autant d'établissements qu'il lui plairait ; ou bien, est-ce l'établissement particulier fondé et indiqué dans la demande même d'autorisation ? Il ne saurait y avoir de doute ; une autorisation ne signifierait rien si postérieurement la congrégation avait le droit de créer des communautés à volonté ; ce qui intéresse l'État, c'est *tout nouveau centre d'influence*. Aussi notre droit, à l'imitation de notre ancienne législation, veut-il une autorisation particulière lorsqu'une nouvelle maison est créée ; l'hypothèse n'est jamais prévue pour les congrégations d'hommes ; elles n'ont point de succursales, mais seulement des établissements principaux pour lesquels il faut une loi ; au contraire, l'article 1 de la loi de 1825 distingue : « à l'avenir, aucune congrégation religieuse de femmes ne pourra être autorisée, et, une fois autorisée ne pourra former d'établissement, que dans les formes... » prescrites par les articles suivants, et l'article 3 indique qu'un décret suffit pour la création d'une succursale.

Résumons tout ceci dans une seule formule : il faut une loi pour toute congrégation d'hommes et pour tout établissement nouveau, par elle créé, pour toute congrégation de femmes, postérieure à la loi de 1825 et admettant des statuts nouveaux ; dans tous les autres cas, un décret suffit.

La congrégation existe ; elle vit, elle se développe ; la loi apporte des entraves à ce développement. Elles concernent surtout l'accumulation possible des biens acquis à titre gratuit.

On a défendu aux congrégations, qu'elles qu'elles fussent d'acquérir à titre gratuit sous réserve d'usufruit ; cela résulte de l'article 4 de l'ordonnance du 14 janvier 1831, qu'une circulaire ministérielle a rappelée le 5 décembre

1863 (D. 3. 24). On prétend souvent que la raison d'être de cette prohibition est dans la facilité avec laquelle un donateur ferait une pareille donation, il consentirait d'autant plus volontiers à déposséder ses héritiers que lui-même ne souffrirait aucune gêne de son dépouillement. En raisonnant ainsi, on devrait conclure à l'interdiction de disposer par testament : Là aussi le testateur ne se dépouille de rien et ne fait tort qu'à ses survivants ; or les legs depuis comme avant 1831 ont été permis. Les motifs doivent donc être cherchés ailleurs ; on les trouve dans la nécessité des mesures d'enquête que le gouvernement doit prendre pour autoriser les actes de disposition à titre gratuit (art. 910 et 937); un examen détaillé des conditions de la disposition serait impossible dans une telle donation ; les motifs sont donc d'ordre administratif pratique.

Les congrégations religieuses de femmes sont en outre soumises à des règles particulières, écrites dans les articles 4 et 5 de la loi du 24 mai 1825. En premier lieu, elles ne peuvent recevoir des libéralités universelles ou à titre universel ; elles ne le peuvent qu'à titre particulier. On dit parfois que la prohibition est le résultat d'une conception fausse du legs particulier et qu'il est aussi facile de léguer de grosses sommes par legs particuliers que par les autres. Nous ne le contestons pas ; mais l'idée qui doit nous préoccuper avant tout est celle du contrôle; le gouvernement a par l'énumération et la description précise des objets légués des renseignements qu'il n'obtiendrait pas sans difficulté, si les legs universels ou à titre universel étaient autorisés par la loi (art. 4, 1°).

En second lieu, les personnes qui font partie de la congrégation ne peuvent disposer, par acte entre vifs ou par testament, soit au profit de l'établissement, soit au profit de l'un de ses membres d'une somme supérieure à 10,000 francs ; si le legs est d'une somme supérieure, elles ne peuvent disposer au delà du quart de leurs biens.

Même si la libéralité n'est pas interdite ou restreinte, elle ne peut s'opérer que moyennant l'autorisation préalable du pouvoir compétent, sans distinction entre les meubles et les immeubles, corporels ou incorporels. C'est là une différence avec les acquisitions à titre onéreux, où l'autorisation n'est requise que s'il s'agit de biens immeubles ou de rentes (art. 2, loi du 2 janvier 1817, et art. 4, loi 24 mai 1825). En tout cas la sanction est la nullité absolue.

Il est nécessaire d'ajouter qu'il est de jurisprudence au Conseil d'État, d'une part de n'autoriser les acquisitions à titre gratuit qu'autant que l'émolument des biens donnés ou légués est en totalité ou presque en totalité, absorbé par les charges charitables ou pieuses qui les grèvent, d'autre part de n'autoriser les placements en valeurs immobilières, que dans les cas où il en doit résulter pour les établissements un avantage immédiat, tel que l'agrandissement ou l'assainissement de leur local.

Quant aux acquisitions de meubles à titre onéreux, telles que dots, subventions, etc..., on les considère comme des actes de simple administration; l'autorisation n'est pas nécessaire.

Restent les actes de leur vie civile dont nous n'avons encore rien dit; les uns doivent être autorisés, les autres ne sont pas soumis à cette nécessité; citons à titre d'indication les premiers; ce sont les aliénations d'immeubles ou de rentes, qui ne doivent d'ailleurs être faites qu'en cas de nécessité, les échanges d'immeubles, car ils renferment à la fois une aliénation et une acquisition, les transferts de rentes sur l'État, les cessions ou transports, les transactions permises seulement à qui peut aliéner d'après l'art. 2045 C. Civil.

Telles sont les règles principales qui président à la vie des congrégations religieuses reconnues. Voyons maintenant brièvement celles de leur mort.

En principe, si une personne morale publique meurt, soit par suite de la révocation de l'acte qui l'a reconnue, soit par suite des décès de tous ses membres, les biens qu'elle avait possédés sont acquis à l'État (article 713 C. C.). Si la personne eut été d'intérêt privé, ses biens eussent été acquis aux associés. Les lois sur les congrégations religieuses ont fait exception à quelques-uns de ces principes.

S'agit-il d'une congrégation religieuse d'hommes, pas de texte contraire à l'article 713 ; il est applicable.

S'agit-il d'une congrégation religieuse de femmes, l'article 7 de la loi de 1825 édicte des règles différentes, il est ainsi conçu :

« En cas d'extinction d'une congrégation ou maison religieuse de femmes ou de révocation de l'autorisation qui lui auraient été accordée, les biens acquis par donation entre-vifs ou par disposition à cause de mort feront retour aux donateurs ou à leurs parents au degré successible, ainsi qu'à ceux des testateurs au même degré.

Quant aux biens qui ne feraient pas retour ou qui auraient été acquis à titre onéreux, ils seront attribués et répartis, moitié aux établissements ecclésiastiques, moitié aux hospices des départements dans lesquels seraient situés les établissements éteints. — La transmission sera opérée avec les charges et obligations imposées aux précédents possesseurs. — Dans le cas de révocation prévue par le premier paragraphe, les membres de la congrégation ou maison religieuse de femmes auront droit à une pension alimentaire, qui sera prélevée : 1° sur les biens acquis à titre onéreux ; 2° subsidiairement, sur les biens acquis à titre gratuit, lesquels, dans ce cas, ne feront re-

---

(1) SALZET. *Étude sur la capacité d'acquérir à titre gratuit des personnes civiles*, page 187 et s.. Georges STRAGUE, *Étude sur les congrégations religieuses de femmes*, page 154 et s.

2

tour aux familles des donateurs ou testateurs qu'après
l'extinction des dites pensions. »

De ce long article il résulte :

1° Que les biens acquis à titre gratuit par la congrégation font retour aux donateurs, testateurs et à leurs héritiers.

2° Que les biens qui ne font pas retour et ceux qui ont
été acquis à titre onéreux sont répartis entre établissements similaires indiqués par la loi.

3° Que les *membres d'une congrégation dissoute ont
droit à une pension alimentaire*, dont le chiffre sera fixé
par le gouvernement.

Ces règles s'appliquent sans difficulté lorsqu'il s'agit d'un
établissement indépendant ; mais que faudrait-il décider au
cas où il s'agirait d'une succursale (1) ? les biens devront
être soumis au sort que leur fait notre article 7 ou ne re-
viendront-ils pas à la maison-mère ? La question présente
plutôt un intérêt théorique que pratique ; s'il s'agit de
biens donnés, on recherchera si le donateur a eu surtout
pour but de disposer en faveur de la communauté ou si
dans son intention la considération de la congrégation a
été dominante ; la question est plus délicate pour les biens
acquis à titre onéreux. Mais pour eux comme pour les
premiers, la majorité des auteurs est portée à ne pas les
considérer comme vacants et ils s'appuyent sur un avis
du Conseil d'État du 27 octobre 1830 (2).

Telles sont les généralités nécessaires qu'il nous fallait
esquisser sur les congrégations religieuses reconnues,
pour faciliter nos explications sur le régime fiscal qui leur

(1) La question bien entendu ne peut se poser pour les congrégations d'hommes.
(2) Peut-être cet avis a-t-il été contredit par celui du 24 juin 1891,
qui a reconnu l'indépendance de patrimoine des établissements dépendent des maisons mères. BÉQUET, *Cultes*, page 305, n° 2114.
Pandectes Françaises. *Congrég. rel.*, n° 478. SURCUR, page 168.

est applicable. Elles aboutissent à des constatations simples, à des principes certains, elles nous montrent les congrégations qui s'inclinent devant la loi, soumises à des restrictions dans leur naissance comme dans leur développement. Et nous comprenons alors pourquoi, grâce à une longue tradition d'indulgence que leur influence même leur a valu, des gouvernements se sont suivis qui n'ont pas appliqué les prescriptions salutaires de notre droit public ; les principes de nos lois ont été énervés ; presque aussi nombreuses que les congrégations reconnues, malgré des manifestations répétées des Parlements les plus divers d'opinion, d'autres congrégations se sont développées. L'étude des subterfuges que les religieux ont employés pour échapper à la loi s'impose à nous. Nous l'accomplirons brièvement, procédant par affirmations, plutôt que par démonstrations, n'insistant que sur les idées utiles à la suite de nos explications, nous dispensant surtout d'entrer dans les détails d'un sujet où « les notions reçues jusque-là s'embrouillent de plus en plus (1). »

Inexistantes au point de vue du droit public, les congrégations en fait vivent et se développent, sans autorisation, comme associations ou sociétés de particuliers. Existant, quelle est leur condition au point de vue civil α), comment se donnent-elles cette existence δ) ; et quelle influence ont sur le droit fiscal les moyens par elles employés δ), voilà les questions qui sont soumises à notre examen.

α). Une personne qui n'existe pas ne peut, semble-t-il, se livrer à aucun des actes de la vie civile ; en fait, il n'en est pas ainsi, la congrégation existe et agit ; dans quelle mesure respectera-t-on les actes qu'elle aura accomplis ?

Il semblerait que les congrégations qui n'ont satisfait à aucune des prescriptions légales, n'existant pas juridi-

(1) BEUDANT, note au Dalloz 1894, 2, page 330, col. 2.

quement, ne puissent être ni le sujet ni l'objet d'aucun
acte valable : que l'acte fait par elles directement ou indirectement (1), soit non seulement annulable, mais encore
frappé d'une nullité absolue et radicale qui l'empêche de
produire aucun effet. Ce n'est là qu'une opinion théorique
et logique, qui bien qu'adoptée par un parti considérable
dans la doctrine, a contre elle la jurisprudence.

L'accord ne règne que sur un point, celui de la non-
personnalité civile des congrégations religieuses non autorisées. En dehors, tout est controverse.

L'exposé des divers systèmes proposés ferait à lui seul
l'objet d'un volume majestueux, mais outre que leur détail n'importe que médiocrement à l'étude que nous avons
entreprise, considération n'est guère due, en la circonstance, qu'aux solutions données d'une part par nos tribunaux, et d'autre part par les théoriciens qui, sortis de

(1) Des considérations de droit public pénal influent souvent sur le
parti à prendre dans les controverses, sur la valeur civile des actes
accomplis par les congrégations. Trois opinions se partagent sur ce
point les sympathies ou les hostilités des juristes.

Dans un 1er *système*, généralement repoussé, on soutient que les
congrégations non autorisées ne sont pas illicites. L'autorisation, lorsqu'elle est accordée, n'a d'autre effet que de faire acquérir la personnalité civile ; mais, à son défaut, la congrégation n'en existe pas
moins, à l'abri de toute dissolution ou de toute répression pénale.
Dans ce système, les congrégations seraient absolument libres de
constituer de simples sociétés de fait, absolument licites, et la législation des associations ne leur serait pas applicable.

Dans un 2e *système*, les congrégations religieuses non autorisées
constituent des associations illicites qui peuvent être dissoutes admi-
nistrativement, et dont les membres encourent en outre une répression pénale. On appliquerait, et le décret de messidor an XII et les
articles 291 et s.. du Code pénal conjointement.

Dans un 3e *système*, qui applique aux congrégations religieuses
seulement le décret de messidor an XII, toute congrégation, pour avoir
une existence licite, a besoin d'autorisation. Toute congrégation non
autorisée, eût-elle moins de vingt membres, peut être dissoute par
l'administration ; mais ses membres, fussent-ils au-dessus de vingt
n'encourent aucune répression pénale.

l'école de Louvain, ont créé la doctrine du *contrat d'association* (1), nous retrouverons celle-ci plus tard ; disons quelques mots brefs sur celles-là.

La jurisprudence admet, elle aussi, que les communautés non autorisées n'ont pas la personnalité civile ; elles ne peuvent en leur nom accomplir aucun acte valable. Il est naturel qu'elles ne le puissent pas davantage par l'intermédiaire d'un prête-nom. Celui-ci sera presque toujours un congréganiste et l'on distinguera suivant qu'il aura contracté pour lui ou pour l'établissement dont il fait partie : dans ce cas, l'acte sera nul. Il faudra prouver que le contractant n'est qu'un intermédiaire, et la preuve appartiendra aux adversaires de la congrégation, ayant un intérêt à cette preuve ; la jurisprudence repousse la présomption suivant laquelle tout acte non strictement individuel, fait par un congréganiste est fait pour la congrégation ; ce qui semblerait dans la nature des choses, étant donné la liaison intime de la vie du religieux et de celle de l'établissement dont il est. — La congrégation, d'autre part, existe en fait ; la jurisprudence le reconnaît et elle en tire des conséquences d'équité qui aboutissent à lui reconnaître une véritable existence en droit, une véritable personnalité civile. Il y a dans le système adopté des inconséquences qui ont été maintes fois signalées ; les congrégations religieuses non reconnues n'existent pas aux yeux de la loi, mais elles existent en fait, et on les traite alors comme si elles existaient en droit. Les conséquences tirées des principes posés par les cours et tribunaux dont les considérants de leurs arrêts et jugements sont contradictoires avec leur point de départ. Et c'est

(1) Voyez les ouvrages de MM. VAN DEN HEUVEL, VAREILLES SOMMIÈRES, et la thèse de M. DELASSUS (1892). Voyez aussi *Revue critique* 1895, page 201, 282 et 314 et BROCHER, *cours de droit international privé*, t. 1 p. 187 et s.

ainsi qu'abusivement s'est constituée la mainmorte occulte (1).

Dans un discours du 9 décembre 1880, que nous aurons à plusieurs reprises l'occasion de citer, M. Henri Brisson, s'inspirant d'une note de M. le professeur Beudant, a cité les monuments les plus importants de la jurisprudence sur ce point ; il en a montré les contradictions et la partie de son argumentation qui concerne ce sujet, a été incontestablement une des causes dominantes de la détermination du Parlement, à réagir de toutes façons contre cet état de choses.

Il a cité et comparé plus particulièrement deux arrêts dont l'opposition n'est pas sans intérêt ; l'un de la Cour de Paris du 21 février 1879 dans l'affaire des Pères du Saint-Sacrement (2) ; l'autre de la Cour d'Alger du 26 mai 1868 et confirmé par la Cour de Cassation le 1er juin 1869, dans l'affaire Parabère (3).

Dans le premier cas, il s'agit de six religieux qui, membres de la congrégation non autorisée des Pères du Saint-Sacrement, ont acheté un immeuble en leur nom personnel et ont stipulé dans le contrat une clause de réversion ; l'immeuble abrite la communauté, cela n'est pas nié ; une question de mitoyenneté s'élève : ils veulent exercer une action en justice ; leur demande est-elle recevable ? La Cour de Paris, cassant un jugement du Tribunal de la Seine répond par l'affirmative, considérant : « Que, pour être supposés tous membres d'une congrégation religieuse, ils n'en ont pas moins conservé la jouissance et l'exercice

---

(1) La jurisprudence applicable aux loges maçonniques est tout autre ; voyez DALLOZ, 1877, 2, 229 et S. 78, 2, 89 ; on verra qu'elle est tout à fait conforme aux principes du droit ; elle ne reconnaît les loges, même en règle avec les lois de police que comme de simples individions.

(2) DALLOZ, 1879, 2, 225-236 et la note Beudant.

(3) DALLOZ, 1869, 1. 313.

de leurs droit civils pour en user avec la libre faculté qui appartient à tous, et dans toute l'étendue de leur capacité personnelle qui est restée entière ; — que c'est ainsi qu'en leur nom particulier, ils ont acheté, qu'ils possèdent, qu'ils administrent, qu'ils supportent et acquittent toutes les charges de leur propriété, qu'aujourd'hui même ils agissent en justice ; qu'en un mot, ils se comportent en tout comme personnellement et exclusivement seuls propriétaires, en conformité de leur titre, sans que la congrégation dont ils seraient les prête-noms, par cela même qu'elle ne forme aucune personnalité juridique, ait à exercer aucun droit ni aucune action qui soient distincts et indépendants de ceux que les actes publics leur confèrent. »

Dans le second cas, l'abbé Parabère, aumônier de l'armée, a en 1852 obtenu du Gouvernement, concession d'un terrain sis à Constantine ; il meurt et ses héritiers réclament les biens par lui acquis ; mais l'ordre des Jésuites soutient que l'abbé Parabère, quoiqu'ayant agi en son nom personnel n'a été que le représentant de leur société ; cassant un jugement du tribunal de Constantine, la cour d'Alger décide que l'immeuble n'a jamais fait partie du patrimoine propre de l'abbé Parabère, et que ses héritiers n'y ont aucun droit ; attendu, dit l'arrêt, qu'à côté de la non-existence légale des congrégations dépourvues d'autorisation, il y a leur existence de fait, qu'à la haute police de l'État il appartient de pourvoir aux mesures que peut provoquer cette existence effective, de la tolérer s'il la juge inoffensive, de la faire cesser s'il y aperçoit des dangers ; — que les tribunaux ne sauraient admettre en principe qu'une association religieuse non reconnue mais existant au grand jour, avec la tolérance de l'État, puisse être dépossédée par tout venant de biens qu'elle détient, et cela sans justification d'aucun droit dans la personne du réclamant ».

Pour qui ne se paye pas de mots, dit M. Beudant (1), la jurisprudence, par l'ensemble et la suite de ses décisions est arrivée à créer pour les congrégations non reconnues une situation intermédiaire entre celle des particuliers et celle des personnes civiles ; elle s'est par là placée en dehors de la loi, car l'art. 537 C. civil n'admet pas d'autres sujets possibles de droits que les particuliers et les personnes civiles proprement dites. Quant aux sociétés de fait elles ne peuvent se concevoir que là où des sociétés de droit sont possibles. Or, peut-on concevoir la congrégation envisagée en elle-même comme une société ? Là est la question dominante ; elle se complique des arrangements privés que les congréganistes peuvent établir entre-eux, et elle répond au second paragraphe que nous avons annoncé sur les procédés par lesquels une congrégation parvient à être et à vivre.

6) Au point de vue religieux, la nature d'une congrégation reconnue ou non reconnue est toujours identique. Au point de vue juridique, elle varie ; tantôt nous sommes en présence d'un établissement d'utilité publique, tantôt nous découvrons la congrégation derrière un agrégat d'intérêts individuels plus ou moins puissamment groupés. Les individus qui la constituent, associés pour un but, un effort, un intérêt commun, voudront, dans le second cas, favoriser sa vie, par des procédés plus ou moins juridiques. Or quels sont les moyens possibles? Nous prétendons que tous se ramènent à l'indivision volontaire ; mais encore est-il nécessaire de présenter sur cet état de droit quelques observations qui nous mèneront insensiblement à de justes conclusions.

Plusieurs individus s'associent, dans des conditions telles—nous voulons le supposer, afin qu'aucun caractère

(1) D. page 229, note, col. 2.

illicite ne soit le prétexte d'une nullité possible—qu'ils ne
sauraient tomber sous le coup des lois d'ordre public.
Leur association résulte de la coordination de leurs efforts
communs. Les considérations d'ordre matériel sont étrangères à cette opération. L'association est un état de droit
public et n'est que cela ; les considérations d'intérêts ap-
préciables en argent y sont étrangères, mais elles ne sont
pas inutiles, et les associés pourront s'entendre pour assurer à leur œuvre l'appui des ressources en argent, ils
contracteront, donneront mandat à l'un d'eux de réunir
des cotisations, ou bien ils créeront une *société* à côté de
leur *association*, dont les bénéfices seront consacrés à
son développement, ou encore, ils achèteront en commun
un bien dont les revenus serviront à ce même but : dans
tous ces cas, il y a association d'une part, acte de droit
public ; contrat d'autre part, acte de droit privé. Passons
à la congrégation ; la même distinction s'impose en droit,
quoique moins claire en fait ; les fonds affectés à l'œuvre
servent en même temps à la subsistance personnelle des
congréganistes ; mais cette subsistance fait en quelque
sorte partie de l'œuvre ; elle est de son essence. Nous aurons donc à côté de l'association-congrégation, l'indivision ou la société qui en assurent la vie.

Suivant l'objet poursuivi par la société, elle sera civile
ou commerciale. Dans le premier cas, elle aura la personnalité civile, suivant la jurisprudence, elle ne l'aura
pas, suivant la doctrine : dans le second, l'article 529 du
Code civil la lui concède à coup sûr. Mais dans l'une
comme dans l'autre, il n'y a dispositions de faveur que
par suite d'une appréciation favorable de la loi, le droit
commun est l'indivision volontaire ou communauté ; il a
fallu des textes pour les soustraire à l'application de
l'article 815 du Code civil. Nous pourrons dès lors distinguer parmi les congrégations en général, celles qui

sont des établissements d'utilité publique, celles qui sont sociétés, celles qui sont indivision pure et simple.

Dans le premier cas, la personne civile est indépendante des individus, elle existe au-dessus d'eux ; ils passent, elle reste. Ils sont comme les eaux changeantes d'un ruisseau dont le lit subsiste, toujours le même. Que l'établissement soit dissout, les individus n'ont aucun droit sur ses biens, à moins d'un texte spécial.

Dans le second cas, les droits des individus restent ; la main mise de la société sur les biens qui la constituent est passagère ; elle ne dure que ce que veulent les associés ; elle renforce en quelque sorte la superposition de leurs droits individuels ; ceux-ci semblent plutôt mélangés, dans la société civile, tandis qu'ils sont confondus dans la société commerciale ; et cette différence correspond à une distinction qu'il nous paraît utile d'esquisser ; la société civile n'étant qu'une indivision volontaire privilégiée, mais gardant son caractère de communauté, la société commerciale étant quelque chose de plus, grâce à la personnalité vraie qui lui est accordée. Ce sont là d'ailleurs sujets controversés ; ce qui ne saurait l'être, c'est la nécessité des éléments indiqués par l'article 1832. C. C., pour qu'il y ait société ; sans quoi il n'y aurait qu'indivision.

Dans cette dernière hypothèse, nous sommes en présence d'une institution tout à fait passagère, et soumise aux incertitudes de la volonté humaine ; un communiste demande le partage ; dans les conditions de l'article 815 il aura lieu.

Les jurisconsultes ultramontains reconnaissent tous les avantages qu'une congrégation peut recueillir en se dissimulant derrière une société ayant la personnalité civile ; mais comme la possibilité de cette forme est quelquefois douteuse et que d'autre part les bienfaits attendus sont fort controversés ils ont créé une doctrine nouvelle, celle du contrat d'association, qui permet à la congrégation, tout en n'étant pas une société, d'en avoir tous les avantages, et tout en restant une indivision d'en éviter tous les inconvénients ; cela par une argumentation fort simple et qui paraît tout d'abord fort subtile.

Sans doute on se contenterait de la société, mais les caractères de ce contrat vont-ils se retrouver dans l'accord des congréganistes ? En admettant l'affirmative, la personne créée va-t-elle permettre aux associés d'échapper aux ennuis d'interventions analogues à celles qui leur ont fait fuir la reconnaissance légale ; la possibilité de recevoir des dons et legs sans contrôle va-t-elle exister pour eux ? Nous avons déjà répété que les caractères de l'article 1832 ne sauraient en général se retrouver ; mais nous ne saurions être aussi affirmatifs sur la seconde question ; des jugements ont permis à des sociétés commerciales de recevoir des dons et legs, particulièrement, celui du tribunal de la Seine du 30 mars 1881. M. Labbé a selon nous, combattu victorieusement cette théorie (1). Il admet que la personnification des sociétés n'est qu'une forte concentration des droits individuels ; elle est une fiction de personnalité ; elle n'est pas la création d'un être moral absolument distinct des individus qui sont ses membres, ses agents, ses instruments. C'est « un voile » qui cache un temps le fait de la copropriété, voile qui se dissipe à la dissolution pour laisser reparaître la réalité, c'est-à-dire la juxtaposition des droits individuels en état d'indivision. S'agit-il d'une véritable personne morale, existant en soi, comme un établissement d'utilité publique, elle s'enrichit à l'avantage du but qu'elle poursuit, de la cause qu'elle sert ; et, mourant, elle laisse sans maître les biens qui lui ont appartenu. S'agit-il d'une société, la personnalité n'anéantit

(1) Sirey 1881, 2, 249.

pas les droits individuels des associés, et sa dissolution
fait reparaître dans toute leur énergie le droit des particuliers qui ont fondé la société, ou succédé aux fondateurs.
Or, à supposer une libéralité faite par un tiers à une société civile ou commerciale, qui en aurait l'émolument ?
Les associés ; et ils échapperaient ainsi aux règles sur le
rapport et la réduction, de là, l'incapacité de recevoir. D'ailleurs on ne s'associe pas pour capter des libéralités sous
des règles qui permettraient d'écarter les règles sur la capacité ; on ne s'associe que pour spéculer (1).

La société est donc une indivision d'un genre spécial,
privilégiée ; et il en est de même de la communauté entre
époux : que le privilège aille jusqu'à créer une personne
sui generis à côté des associés eux-mêmes, ou qu'il n'y
ait dans ces mots de communauté et de société qu'une
simple expression de langage, peu importe ; constatons
seulement que lorsque des intérêts collectifs sont protégés
par le législateur il les soustrait aux règles ordinaires de
l'indivision.

Aussi, ceux dont l'effort juridique est dirigé par des
préoccupations étrangères au droit lui-même ont-ils attaqué
cette doctrine ; ils ont commencé par reconnaître que des
intérêts collectifs pouvaient ne pas avoir pour objet un
bénéfice ; si le code civil nécessite cette condition pour
que les règles du contrat de société soient applicables, il
ne défend pas un contrat où le bénéfice n'entrerait pas
pas comme élément essentiel et où le but poursuivi serait
idéal plutôt que matériel. Les religieux qui contractent
entre eux ne constituent pas des sociétés ; ils ne poursuivent pas la réalisation d'un bénéfice ; le contrat qui se
formera entre eux, c'est *le contrat d'association* ; il sera
soumis, en vertu de l'article 1107 aux règles générales

(1) Cassat. 29 oct. 1894, S. 95, 1. 65 et la note Lyon-Caen ; Voir
aussi Cass. 2 janvier 1894, S. 94, 1, 129.

posées au titre III du Code civil ; outre les principes
généraux sur la matière des obligations, on peut appliquer par voie d'analogie aux contrats innommés, certaines
règles particulières aux contrats nommés avec lesquels
ils ont le plus de ressemblance, or, quelles sont ces règles les plus proches, sinon celles des sociétés ? Le contrat d'association, c'est alors un contrat par lequel deux
ou plusieurs personnes s'engagent à poursuivre un but
commun, dans un intérêt et par des efforts communs, et
sans intention de réaliser des bénéfices. De même que le
contrat de société du Code civil n'est guère qu'un contrat
d'indivision volontaire et privilégiée, de même, étant
donné que les principes exceptionnels du code vont être
étendus à un contrat que le législateur n'aurait pas prévu
nous sommes en présence d'une indivision volontaire
qu'en l'espèce on appellera association. Remarquons d'ailleurs qu'à l'instar de la société, l'association n'existe point
en soi ; elle n'est qu'une expression de langage : « Nous ne
prétendons point, dit M. de Vareilles-Sommières (1), que
l'association non reconnue soit une personne civile, et
que ce soit cette entité qui ait le droit de posséder. Nous
reconnaîtrons tant qu'on voudra, que la loi positive seule
peut créer une véritable personne morale et nous procla-
merons tout le premier qu'elle ne l'a point fait en faveur
des associations non reconnues », et plus loin il ajoute (2):
« Il n'y a rien autre chose dans l'association qu'un groupe
d'individus reliés par une convention, c'est-à-dire, rien
autre chose que les associés. » C'est là même une affirmation aussi incontestable qu'incontestée, si l'on donne au
mot association le seul sens qu'il ait en langage strictement juridique, c'est-à-dire celui des articles 291 et s...
du Code pénal, mais si ce mot désigne une collectivité d'in-

(1) *Du contrat d'association*, page 3.
(2) Pages 36, 37.

dividus, on ne saurait le considérer comme indiquant un
groupement de biens ; l'employer ainsi c'est non-seule-
ment s'exposer à une confusion perpétuelle du droit public et du droit privé, c'est aussi lui donner un sens
inexact ; c'est oublier le départ fait par notre législation
entre l'association et la société, celle-là redoutée au point
de vue politique, social et religieux, celle-ci favorisée,
comme instrument de développement du commerce et de
l'industrie. Mais admettons le sens donné par le savant
jurisconsulte ultra-montain, son association est une indivision, comme la société civile ou la communauté ; il n'y
a pas là de personne civile : « les associés en tant qu'associés, le mari et la femme en tant que communs, peuvent posséder et acquérir, soit à titre gratuit, soit à titre
onéreux. La personnalité civile aide et fortifie le droit de
posséder de l'association, comme celui de la société ; elle
augmente leur crédit, elle simplifie les procédures, elle est
un utile ornement. Mais cela n'est pas le moins du monde
indispensable à l'association, pas plus qu'à la société pour
pouvoir posséder (1). » Oui sans doute, la personnalité
sui generis de la société civile, de même que les avantages accordés à la communauté par la loi, fortifient
le droit de posséder des associés ; mais si les associés ont un droit de posséder spécialement avantageux
c'est précisément parce que la loi le donne formellement ;
il n'existerait point sans elle ; l'indivision ordinaire avec
ses incertitudes et ses inconvénients est le régime de droit
commun. Que des individus forment ce que le doyen
de la faculté libre de Lille appelle un contrat d'association
nous le voulons bien ; mais il n'en subsiste pas moins
qu'ils n'auront constitué au point de vue de leurs biens
qu'une indivision, et ce serait contredire les volontés du
législateur que d'y appliquer les principes de la société

(1) Page 5.

civile; ce serait rendre inexplicable l'exigence par lui
exprimée, pour qu'il y ait société, de la nécessité d'un
bénéfice à réaliser et à partager.

Continuons l'étude de l'argumentation des partisans du
contrat d'association, selon eux, l'association « en chair et
en os » n'a pas la personnalité civile, mais elle a le droit
de posséder : « la personnalité civile a été conférée à certaines sociétés et à certaines associations, parce qu'elles
ont le droit de posséder, et que ce droit a paru chez elles
mériter une faveur particulière ; ce n'est point parce
qu'elles ont la personnalité civile qu'elles ont le droit de
posséder. Il faut donc rechercher non pas si la loi française donne aux associations licites le droit de posséder,
mais si elle le leur enlève ; il faut examiner si elle édicte
en cette matière des incapacités et des nullités particulières ou si elle respecte le droit des individus et la liberté
des conventions (1). » Voilà ce que dit encore M. Vareilles
Sommières ; il vient de parler des sociétés civiles et de la
communauté, qui possèdent ; mais prenons les véritables
personnes morales : pour *être*, il leur faut soit une autorisation générale qui les soumet à certaines formalités,
— et il en est ainsi des sociétés commerciales, — soit une
autorisation spéciale, et tel est le régime des établissements d'utilité publique ; elles ne peuvent posséder avant
d'être personnes civiles, attendu qu'elles ne *sont* point auparavant ; la société commerciale ne possède qu'une fois
société commerciale régulièrement constituée ; la congrégation reconnue ne possède que l'autorisation intervenue.
Quant à la communauté conjugale ou la société civile,
elle ne possède que par l'intermédiaire des époux ou des
associés ; ceux-ci sont favorisés par exception, et parce
que la loi l'a voulu ; mais nous ne saurions trop répéter
que ces dispositions exceptionnelles ne peuvent être éten-

(1) *Loc. cit.*, p. 6.

dues à moins de les renverser et de n'y voir que l'application du droit commun, ce qui n'est pas. L'association, c'est donc une société sans but lucratif.

Ce but poursuivi n'est pas limité dans le temps, mais la mainmorte n'est pas à craindre ; les principes du contrat de société étant applicables. l'article 1869 empêchera la perpétuité ; « l'association est nécessairement temporaire ou dissoluble ; son patrimoine n'est pas soustrait au courant fécondant de la circulation, car rien n'empêche les associés de vendre librement les biens dont il se compose, et il appartient à des personnes qui vivent pour tout de bon, et qui, par conséquent, ne peuvent échapper à la mort ; même si l'association n'est pas dissoute, il passera à leurs héritiers ou légataires, et donnera lieu à ces perceptions fiscales, dont nos légistes se montrent si jaloux dès qu'il s'agit d'association (1). » Voilà qui est bien ; mais combinez ces paroles de M. de V. Somm. avec sa théorie de la réversion et vous avez la perpétuité et l'absence de perceptions fiscales ; en vain vous opposerait-il l'article 1869 qui permet de demander le partage, l'article 1870 ne saurait être oublié, et c'est ce que constate, dans une thèse savante, un auteur partisan de la nouvelle théorie : Il peut arriver, dit M. Delassus (1), qu'un membre démissionnaire d'une association non reconnue prétende obtenir en justice le partage de l'avoir social. Mais cette prétention sera vigoureusement repoussée au moyen de l'article 1870 du Code civil par ce motif que sa renonciation est faite à contre temps et de mauvaise foi : cela n'est pas plus permis en matière d'association qu'en matière de société. Que vous soyez copropriétaires de biens sociaux, lui dira-t-on, nous voulons bien le reconnaitre, et à ce titre, vous

_____

(1) *Op. cit.*, p. 13.
(2) *La personnalité civile des sociétés et des associations*, 1892, page 305.

avez le droit de demander le partage de l'avoir commun. Mais vous avez passé avec nous un contrat innommé parfaitement valable, par lequel vous avez restreint notre droit de demander le partage, par lequel vous vous êtes engagé à ne pas entraver la marche de l'association en provoquant un partage intempestif. Cet engagement est consigné dans les statuts qui sont notre loi à tous et à chacun. Nous ne voulons pas abuser des citations, mais que le lecteur se reporte aux paroles prononcées par Treillard, lors de la discussion du projet sur les Sociétés, et aisément il se persuadera des conséquences d'une extension toujours facile, et si fertile en conséquences, du principe très large de l'article 1870.

Encore que l'on étende aux associations le droit des sociétés, la discussion n'est pas close ; les jurisconsultes que nous combattons ont un but qu'ils ne dissimulent pas : assimiler dans la limite du possible les congrégations non reconnues aux congrégations reconnues. Que les congrégations soient des associations, celles-ci de quasi-sociétés auxquelles la législation des sociétés s'adapte, il faut encore donner à ces sociétés le droit de recevoir, et nous avons plus haut parlé de la controverse soulevée à ce sujet ; il semble qu'elle n'existe pas pour M. de V. Sommières « la plupart des jurisconsultes, écrit-il (1), admettent la validité des legs adressés aux sociétés, c'est-à-dire, ils le comprennent cette fois, aux membres de ces sociétés. Comment se fait-il que, perspicaces en matière de société, ils restent aveugles en matière d'association, » et l'éminent auteur, critiquant les doctrines couramment admises sur les donations par personnes interposées ajoute : « le système que nous critiquons irait logiquement jusqu'à entraîner, *si les textes ne s'y oppo-*

_____

(1) *Op. cit.*, page 63.

3

saient, la nullité des donations faites à la communauté,
car la communauté est une société civile dépourvue de
personnalité ; et même la nullité de toutes les donations
faites en faveur du mariage et de la famille, car la famille
est une association et une association non reconnue. »
Oui, sans doute, le système attaqué, mais que nous admettons, entraînerait la nullité de la donation faite à la
communauté en tant que société, s'il n'y avait un texte ;
et cela parce qu'une personne artificielle, fût-elle de la
nature de la communauté entre époux, ne peut recevoir
que dans les limites où la loi le lui concède ; quant aux
donations faites à la famille, en tant qu'association, elles
sont inexistantes. — Nous arrêterons-nous à l'argumentation amusante, mais trop faible, en vérité, suivant laquelle un panier de fruits envoyé à la supérieure d'une
congrégation non reconnue est une donation nulle, faite
par personne interposée, à un être qui n'a pas besoin de
manger pour vivre, puisqu'il ne vit pas ? Nous ne saurions
découvrir là qu'un jeu de mots et rien de plus ; la congrégation même existante, reconnue, n'est qu'une personne
artificielle, à laquelle on ne peut étendre un argument
dont on ne conçoit l'application qu'à l'égard d'une personne naturelle. M. de V. Sommières insiste pourtant et
consacre à ce sujet d'assez longs développements (1). Et
malheureusement ce mode d'argumentation trop souvent
se rencontre dans son étude sur le contrat d'association,
pourtant si attrayante, grâce aux habiletés de discussion,
à la scolastique de l'argumentation, au feu d'une convic-
tion fervente, qui multiplient le charme de ce travail où
des principes erronés conduisent trop souvent à des con-
quences qu'on ne saurait approuver. Peut-être y a-t-il
dans les idées exprimées l'expression d'une législation

(1) *Op. cit.,* page 64 et s...

désirable, en attendant sa consécration, nous devons nous
en tenir au droit présent.

Au surplus, toutes ces considérations n'importent généralement que peu ; que nous soyons en présence d'une
indivision pure et simple, d'une association, résultant d'un
contrat d'association, ou d'une société civile, il n'y a toujours qu'une indivision, ou, si l'on préfère, qu'une addition de droits sur des biens individuellement considérés
et non confondus en un tout ; à supposer une transmission
de ces droits, la considération de chacun des biens auxquels ils s'appliquent serait nécessaire pour déterminer
les perceptions fiscales qui nous intéressent ; dans une
société commerciale au contraire, les droits portent sur le
fonds social, et ils sont toujours mobiliers. Aussi pouvons-
nous considérer comme établis, les principes généraux de
l'assiette de l'impôt d'enregistrement, au point de vue des
droits qui en sont la condition ; selon la forme de groupement choisie par une congrégation non reconnue, le droit
du religieux est toujours mobilier, ou variable avec les
biens auxquels il s'applique. Les principes qui nous gui-
deront pour préciser la nature de la mutation restent à
fixer et ne peuvent l'être que par l'étude des expédients
que la communauté religieuse utilisera pour se garantir
la perpétuité. Ils consistent dans la combinaison des clauses de réversion et d'adjonction de nouveaux membres ;
la première assure la perpétuité du fonds social, la seconde, la perpétuité de l'association même.

La clause de réversion est une stipulation dont l'effet
le plus général est de reporter un avantage existant sur
un autre que celui qui en jouit actuellement, à l'époque
où par un évènement prévu (décès ou retraite), celui-ci
cessera d'en jouir. Sur la nature de cette clause, on peut
discuter à l'infini, et il paraît bien que le peu d'auteurs
qui aient écrit sur le sujet n'aient pas été d'accord. La

définition que nous avons donnée, et qui est presque mot
pour mot celle de MM. Championnière et Rigaud (1) constate plutôt qu'elle ne définit ; elle se place sur le terrain du
fait, non sur celui du droit ; aussi a-t-elle cet avantage incontestable de n'exprimer aucune idée juridique fausse ;
mais voici celle de M. de V. Sommières (2) : « la clause de
réversion est la clause par laquelle les associés conviennent que ceux d'entre eux qui mourront et se retireront
de la société avant l'époque de sa dissolution, *seront réputés n'avoir jamais été associés, sans toutefois avoir
droit à la restitution de leurs apports* » ; ailleurs, la
définition qu'il donne se rapproche de celle de MM. Cham-
ponnière et Rigaud : « C'est une clause que les associés
insèrent dans les statuts et par laquelle ils conviennent
précisément qu'en cas de décès ou de retraite de l'un
d'eux, sa part accroîtra à celle des autres, c'est-à-dire
s'anéantira et permettra à celles-ci de s'élargir. » Une
telle notion ne nous paraît pas à l'abri de toute critique ;
est-il vrai que la part de l'associé *s'anéantisse* pour permettre à celle des coassociés de s'élargir ? non, sa part ne
s'anéantit pas ; elle est transmise, telle qu'elle était à la
mort ou à la retraite, mais elle *a appartenu en fait à l'associé* ; elle existe, mais avec un propriétaire différent ;
l'accroissemement dont il s'agit, c'est une augmentation,
ce n'est pas l'accroissement au sens juridique du mot, on
ne saurait l'assimiler à l'accroissement en cas de succession ou de legs ; l'héritier ou le légataire qui renoncent
n'ont jamais eu l'héritage ou le legs à leur disposition,
sans quoi ils n'eussent pu renoncer ; ils ont eu un titre
juridique et rien de plus ; le coassocié a été associé ; il n'est
pas censé n'avoir jamais eu cette qualité, il l'a gardée jus-

(1) Dictionnaire des droits d'enregistrement, au mot *réversion*.
(2) Contrat d'association, page 174 et l'accroissement et les congrégations, page 2.

qu'à sa mort ou sa retraite, et il a joui de tous les avantages qu'elle conférait. Qui ne voit l'abus possible d'une
telle conception où suivant les moments l'associé voudra
conserver sa qualité d'associé ou prétendra tous ses droits
résolus par suite d'une retraite intempestive ; qui ne voit
aussi les pactes qui vont intervenir entre gens de toute
sorte pour échapper indirectement à des lois nuisibles à
leur intérêt ; combien de contrats intervenus entre associés, héritiers présomptifs les uns des autres, ne réussi-
ront pas, si telle était la nature de la clause de réversion,
à échapper à toutes les règles fiscales des successions !
tout *de cujus* n'aura plus possédé que sous condition
résolutoire, tout héritier sous condition suspensive, et ce
petit jeu de conditions supprimera les transmissions.
Prenons d'autre part une société de 10 membres ayant
stipulé la clause de réversion ; 9 meurent et sont censés
n'avoir jamais été associés ; et cependant il y a une société qui en droit même aura été composée d'un seul in-
dividu ! Si on complique ces hypothèses en adjoignant
l'autre clause, la bizarrerie est à son comble, la société
fondée par 10 membres n'aura été créée, à une époque
donnée, par personne !

M. le comte de Vareilles Sommières, que nous citons
beaucoup parce qu'il a beaucoup écrit en notre matière,
tient à cette clause de réversion, et il étudie les arguments
qu'on a présenté à son encontre : à ceux qui voient en
elle un moyen indirect de constituer une mainmorte libre
et occulte, il répond que l'article 1869 s'y oppose ; il laisse
de côté l'article 1870 et les considérations de fait que le
législateur ne peut ignorer ; on peut douter que les religieux dont la loi ne sanctionne pas les vœux, mais dont
elle peut tenir compte ne demandent jamais la dissolution,
et peut-être y a-t-il à soutenir cette appréciation autre chose
que « de la déclamation », aux jurisconsultes qui soulèvent
l'objection d'une substitution à laquelle dans une société,

admettant à côté de la réversion, l'adjonction de nouveaux
membres celle-ci donnerait lieu, il répond qu'une telle argumentation ne suppose pas moins d'ignorance de la science
du droit chez ses auteurs que la précédente, et qu'il y a en
elle une double erreur, d'une part parce qu'elle étend au
contrat à titre onéreux une prohibition qui n'est prononcée par nos lois qu'en matière de libéralités, d'autre part,
parce qu'il est de l'essence de la substitution qu'il y ait
deux gratifiés, donc deux libéralités, et que précisément il
n'y en a aucune.

Nous répondons que s'il est incontestable, dans un contrat où se rencontre la clause de réversion réciproque,
qu'il y ait là un contrat à titre onéreux (1), en même temps
qu'un contrat aléatoire, cela résulte de la chance égale
pour tous d'acquérir définitivement la part d'un coassocié ; mais que cette espérance s'évanouit dès lors que la
clause d'adjonction de nouveaux membres s'ajoute à la
précédente ; l'associé fait alors à la société un don qui se
consolide à sa mort et rien autre (2) ; en d'autres termes,
il y a là une convention à titre gratuit ; et nous nous trouvons en présence d'une première libéralité envers les co-
contractants qui recueilleront la part du prédécédé par
suite de réversibilité ; y en a-t-il une seconde ? nous ré-
pondrons encore oui ; mais c'est une donation nulle, parce
que la personne ultérieurement gratifiée est incertaine. On
peut donc dire, avec M. de Vareilles-Sommières qu'il n'y a
pas substitution, sans être d'accord avec lui sur sa double

(1) Il ne peut y avoir substitution dans un contrat à titre onéreux
avec clause de réversion. BAUDRY, LACANTINERIE et COLIN, *Donations*,
t. 2, n° 3172.

(2) Remarquons qu'une telle donation n'est pas contraire à la règle
donner et retenir ne vaut ; en stipulant qu'elle ne se réalisera qu'à
sa mort ou à sa retraite, il ne se réserve pas directement de repren-
dre ses biens, ce qu'il transmet dès maintenant, c'est une part dans
l'indivision ou la société.

critique par nous signalée plus haut. Encore ne pouvons-nous être aussi absolu ; on peut concevoir une substitution, si l'associé futur peut être considéré comme personne certaine par rapport à celui qui a stipulé la réversibilité. Reconnaissons d'ailleurs la complexité des questions qui résultent de la combinaison de ces deux clauses qui n'ont jamais été bien étudiées, et terminons sur ce sujet par une remarque : nous voulons supposer l'arrangement comme restant à titre onéreux, il y a alors contrat aléatoire à titre onéreux, par suite de la clause de réversion, mais sous condition d'adjonction de nouveaux membres : cette adjonction a pour but de donner la perpétuité à l'œuvre et de la faire échapper à la loi fiscale (1) ; c'est donc une condition illicite comme contraire à la loi ; elle fait tomber le contrat lui-même. Supposons-le, au contraire à titre gratuit, l'adjonction seule disparaît.

Quoi qu'il en soit du reste, de la valeur intrinsèque de la clause d'adjonction de nouveaux membres, elle importe peu au point de vue pratique ; le législateur de 1880 en a tenu compte dans la loi fiscale, et la jurisprudence antérieure n'a guère statué que sur la clause de réversion.

δ) Voyons maintenant les conséquences fiscales des observations faites (2).

On peut, en théorie juridique, distinguer parmi les procédés employés par les congrégations pour se donner l'exis-

___

(1) La régie a le droit de rechercher et de constater le véritable caractère des stipulations contenues dans les contrats, pour asseoir régulièrement les droits d'enregistrement dûs sur ces contrats : Cass. 19 juin 1882. S. 83, 1, 231, 6 juillet 1880, S. 80, 1, 432, 6 février 1878, S. 78, 1, 183,

(2) Consulter : RÉMONDIÈRE, *des réversions de propriété d'usufruit et de rentes viagères, durant la loi fiscale en droit français*. — RÉMONDIÈRE, *les Congrégations religieuses, le fisc et le Parlement.* — VAREILLES-SOMMIÈRES, *l'accroissement et les congrégations.*

tence civile et la perpétuité probable grâce aux clauses
de réversion et d'adjonction, celui des sociétés commerciales, celui des sociétés civiles, celui des indivisions volontaires ou communautés. En pratique jurisprudentielle
la personnalité civile des sociétés, quelles qu'elles soient
est la même ; et elles ne diffèrent entre elles que par l'objet qu'elles poursuivent. Toutes existent en un être moral dominateur des individualités associées, et l'intérêt à
distinguer entre les procédés des religieux se résume dans
le départ fait entre les *sociétés* d'une part, et d'autre part
les *communautés*. Qu'il s'agisse d'une société commerciale ou d'une société civile, dès le moment où elle est
reconnue exister par la jurisprudence, les associés ont un
droit sur le patrimoine global de la société ; il y a plus
qu'une simple juxtaposition de biens individuels ; il y a
confusion de ces biens en un tout que l'on appelle le patrimoine social ; c'est sur lui, non sur les biens particuliers qui le composent et qui varient que l'associé exerce
son pouvoir ; il y a propriété indivise des associés sur
le fonds social, mais ce fonds social comprend pêle-mêle
des biens divers. La conséquence est logique : le droit de
l'associé portant sur un bien unique, ne verra pas sa nature dépendre de la composition du patrimoine social,
comme le communiste du caractère des biens indivis. Son
droit est mobilier seulement parce que la loi le décide
ainsi, tandis que dans une indivision la nature du droit
varie suivant le bien auquel il s'applique ; est-ce un immeuble ; nous sommes en face d'un droit immobilier ;
est-ce un meuble, nous sommes en face d'un droit mobilier ; au contraire, dans une société, le droit est toujours
mobilier, tant que la société dura ; à sa dissolution, elle
deviendra communauté (1). Si donc, il y a transmission

(1) Sauf les restrictions qui sont de pratique, pour la durée de la
liquidation. La société subsiste dans la mesure nécessaire à l'accom-

dans l'accroissement résultant de la clause de réversion,
et si on la considère comme étant à titre onéreux, le droit
oscillera de 0,50 0/0 à 5,50 0/0. Si elle a lieu dans une société,
le droit perçu sur la part sociale est de 0,50 0/0 ; si elle se
produit dans une indivision, le droit perçu est de 2 0/0
pour les meubles et 5,50 0/0 pour les immeubles. On
voit donc qu'une distinction importante doit être faite entre l'indivision et la société, et nous ne saurions approuver la théorie de M. Rémondière (1), suivant laquelle il y
aurait dans une communauté (c'est-à-dire une société
sans but lucratif) plus qu'une indivision, parce que les
copropriétaires sont groupés également par l'*affectus
societatis* qui les distinguerait précisément des copropriétaires, et qui conduit cet auteur à critiquer un jugement
de Marseille du 24 août 1877 (2) pour avoir appliqué le
tarif des indivisions à une communauté religieuse. Mais il
admet avec la jurisprudence qu'il n'y a qu'une transmission à titre onéreux dans ce fait de l'accroissement.

Il n'en a pas toujours été ainsi.

La réalité même de la mutation n'a guère fait doute en
jurisprudence, bien qu'on ait tenté de la contester. Le
tribunal de Tulle, le 9 juin 1851, en jugeait autrement,
trois dames Ursulines avaient acheté du sieur Gorse, un
immeuble et ses dépendances, situés à Tulle, avec cette
clause, qu'il restera la propriété de la survivante et qu'en
conséquence aucune des trois ne pourra en disposer, en
tout ou en partie, sans le consentement des autres. Il n'y
a pas de transmission de la part du prédécédé aux survivants, dit le jugement ; l'immeuble ne devrait être regardé

---

plissement de cette liquidation. Finitur quidem societas, sed non obli-
gatio societatis. Voyez cass. 27 juillet 1863. S. 63. 1. 457.

(1) *Traité des réversions.* thèse, page 207.

(2) Voyez, *Répert. périod. de l'enreg.* 1877, page 703, n° 4838.
Voyez aussi *au jugement du tribunal d'Avignon,* du 18 avril
1877, page 619, n° 4785.

comme acquis que par celui des acquéreurs qui survivrait
à tous les autres, de telle sorte que ces derniers auraient
dû être réputés n'en avoir jamais été propriétaires. La
propriété se serait trouvée ainsi, jusqu'à l'évènement de
ces divers décès, soumise à une condition suspensive dont
la réalisation au profit de l'acquéreur, seul survivant,
aurait eu un effet rétroactif au jour du contrat de vente ;
elle n'aurait dès lors, été l'objet que d'une seule transmission, celle opérée par ce contrat. La chambre civile de
la Cour de Cassation repousse ce système le 23 août 1853 (1).
Elle estime que la propriété de l'immeuble acheté en
commun a reposé sur la tête de toutes trois, chacune
pour un tiers, que la clause intervenue entre elles, et en
dehors des conventions faites avec le vendeur, n'est point
une condition de la vente même, en dépendant et en déri-
vant nécessairement, et qu'elle a eu pour conséquence d'o-
pérer une mutation (2).

La difficulté n'a sérieusement porté que sur la nature
et la quotité du tarif applicable. La jurisprudence y voit
une mutation à titre gratuit, puis elle change et y découvre une transmission à titre onéreux. La Chambre
civile (3) le 15 décembre 1852 infirme un jugement du tribunal de Caen du 23 mai 1860 qui avait adopté le droit
de mutation par décès, attendu, dit la Cour « que le droit
d'accroissement stipulé dans les contrats d'acquisition
dont s'agit, des parts des religieuses prédécédées au profit
de la dernière survivante, n'est qu'une clause aléatoire,
qui, établie pour toutes les religieuses également, consti-

(1) Arrêt 23 août 1853. D. 1853, 1, 247.
(2) Voyez en ce sens C. 19 nov. 1851, dames Corbière..., et 7 janvier 1850, affaire Crèvecœur, D. 5, 1, 1, 328 et D. 50, 1, 12. Voir aussi
26 août 1853, S. 53, 1, 639.
(3) D. 1852, 1, 336, S. 1853, 1, 125. — Aff. dames religieuses du
Bon-Sauveur. — Voir 10 août 1853, ch. civ. S. 53, 1, 640, — 12 juillet
1853. S. 53, 1, 510, et 26 juillet 1880, D. 1881, 1, 170.

tuait pour chacune d'elles, relativement à toutes les
autres, un actes commutatif : d'où il suit que le droit à
percevoir dans l'espèce, était celui d'une mutation à titre
onéreux, et non pas d'une mutation à titre gratuit. » Dès
lors, les incertitudes disparaissent ; et l'accroissement est
considéré comme une transmission à titre onéreux. La
controverse renaît alors sur la quotité du droit à percevoir ;
c'est par son étude que nous commençons notre chapitre
consacré au droit d'accroissement, elle n'est du reste
qu'un développement de la question par nous déjà résolue
de la nature du droit du communiste ou de l'associé.
Quant à l'influence au point de vue fiscal de la clause
d'adjonction de nouveaux membres, les explications précédemment fournies l'ont précisée. Nous ne croyons pas
davantage devoir rechercher s'il y a accroissement possible dans la congrégation reconnue ; il est de toute évi-
dence qu'il ne s'en peut rencontrer en droit (1) ; les sociétés qui à côté d'elle pourraient se former seraient de
leur côté soumises aux principes de droit commun des
réversibilités ; les associés y ont des parts, les congréganistes n'en n'ont pas dans la congrégation.

En fait, à raison de la nature propre d'une congrégation on conçoit que le législateur découvre quelque
chose d'approchant, « qu'il écarte la fiction de la personnalité civile pour s'en tenir à la réalité du fait » et qu'il
considère le patrimoine des congrégations reconnues
comme possédé en commun par les religieux ; c'est là
même le point de vue adopté par le législateur, si nous
en croyons les principaux auteurs de la loi (2). Mais si
l'on adopte le principe d'un accroissement de fait,

(1) Voir sur cette question VAREILLES SOMMIÈRES, *Le Droit d'accroissement*, pages 9 à 19.
(2) Voir le premier projet du budget pour 1895 ; exposé de motifs
Burdeau, reproduisant presque mot pour mot le projet Rouvier ; la
conception indiquée au texte y est longuement développée.

devrons-nous dire qu'il porte sur la propriété des biens
appartenant à la congrégation, ou seulement sur l'usufruit, il nous paraîtrait logique d'adopter la seconde
conclusion.

De toutes ces explications, peut-être trop brièvement
développées, il résulte d'une part :

1° Que les congrégations religieuses envisagées en elles-
mêmes constituent des établissements d'une nature spéciale, que cette observation s'applique non seulement aux
congrégations non autorisées, quelle que soit la forme
qu'elles empruntent, mais encore et surtout à celles qui
sont reconnues et qui, dans la classification artificielle
des personnes morales, bien qu'incontestablement placées
parmi les établissements d'utilité publique, diffèrent
cependant d'eux par la confusion perpétuelle de la vie
des religieux et de la communauté ; ceux-là n'existent
pour ainsi dire pas en dehors d'elle ;

2° Qu'à raison de cette nature particulière des précautions législatives ont été prises contre les congrégations
en général, auxquelles quelques-unes d'entre elles ont
cherché à se soustraire par l'usage de certaines formes
juridiques du droit commun que la pratique a tolérées.

D'autre part, et parallèlement :

1° Que la législation fiscale applicable aux établissements
mêmes, et non aux individus — nous n'en parlons pas —
droit être une législation spéciale ;

2° Que, si l'on veut suivre les congrégations non reconnues sur le terrain où elles se sont placées, il faut les
considérer comme les collectivités et les communautés
dont elles ont pris le masque.

On arrive ainsi à établir des règles différentes pour les
congrégations reconnues et les congrégations non reconnues.

Les premières possèdent propriétairement et perpétuel-
lement en tant que telles les biens affectés à leur œuvre ;

leurs membres ont un droit de jouissance sur le revenu
de ces biens. On atteindra la mainmorte par une taxe
représentative des mutations qui se produiraient si la fortune de la congrégation appartenait à des particuliers ;
elle devra porter sur les meubles comme sur les immeubles. Un second impôt frappera les distributions ou les
transmissions de jouissance.

Les secondes seront soumises aux taxes qui atteignent
les sociétés ou les indivisions. Les réversions simples seront considérées comme des actes à titre onéreux, portant
en règle générale sur des biens indivis, non sur des parts
sociales. Les adjonctions de nouveaux membres, qui suivant les points de vue annuleraient le contrat ou tombe-
raient seules donnent, si on les tolère soit en droit, soit
en fait, un caractère gratuit à la mutation.

Ce ne sont là que des conclusions théoriques ; elles
éclaireront la suite de notre étude, sans être contredites
par elle.

CHAPITRE II

CONSIDÉRATIONS SUR L'HISTOIRE FISCALE DES CONGRÉGATIONS RELIGIEUSES

Section 1re. — Ancien droit (1).

Il ne semble pas que notre très ancien droit français ait eu une conception analogue à la nôtre sur les dangers qu'il peut y avoir pour l'ordre public à permettre de grandes accumulations de biens entre les mains de personnes qui ne périssent pas (1); à l'époque franque, comme à l'époque romaine, l'Eglise eut pleine capacité pour acquérir. Lorsque la féodalité survint, l'utilité d'une règle restrictive ne devait pas se faire sentir: toute acquisition, toute transmission, étaient de droit commun subordonnées à l'agrément du seigneur de fief; les personnes ecclésiastiques n'échappèrent pas à la règle. Quel que fut le vassal, le seigneur pouvait le refuser, s'il jugeait que le fief n'eut été par lui qu'incomplètement desservi: le monastère était un vassal; il dépendait du seigneur de mettre à ses acquisitions les freins qu'il lui plaisait. C'est ainsi que

---

(1) Voir Esmein. *Cours d'histoire du droit français*, p. 275 et s...
Tissier, *Nouvelle revue historique du droit*, année 1891, pag. 529 et s...

Tardif, *Revue de législation ancienne et moderne*, année 1872, pages 492 et s...

Glasson, *Histoire du droit français*, tome 4, p. 312 et s... et tome 5, pages 213 et s...

des accords intervinrent, et nulle combinaison ne fut plus
fréquente que celle de l'amortissement ; le seigneur déclare amortir le fief dans le présent et dans l'avenir ; *ex
nunc et in futurum admortizamus et admortisatum
facienus* ; il délivre une charte d'amortissement, par laquelle il permet l'extinction totale ou partielle de la sei-
gneurie féodale. Des actes nous ont été transmis qui nous
montrent ces combinaisons datant du commencement du
xiiᵉ siècle ; l'un d'eux (2), en 1159, mentionne l'origine récente de l'amortissement : « *cum ex modernorum usu,
qui non permittunt Ecclesiæ, ei largita sine admortiza-
tione, tenere...* » A cette époque, les conditions de l'amortissement sont encore arbitraires ; le seigneur renonce à
tels droits sur le fief, se réserve tels autres ; mais les seigneurs suzerains n'interviennent pas encore, à plus forte
raison le roi ; la souveraineté est par trop morcelée, elle
se reconstitue d'abord au profit des grands seigneurs, et
enfin du roi qui seul aura le droit d'amortir, parce que
c'est un droit de souveraineté.

Une nouvelle période de l'histoire du droit d'amortissement s'ouvre, lorsque les fiefs deviennent patrimoniaux :
le seigneur n'autorise plus : il perçoit le prix de sa non-
intervention, sous la forme de profits de mutation. Cependant, s'il croit encore tout perdre en laissant l'acquisition
se consommer, il peut retrayer le bien, et c'est à ce retrait que correspond l'obligation de vider les mains dans
l'an et jour, si le seigneur le veut. Si, outre les droits
ordinaires de mutation, le vassal paye des droits com-
pensatoires du tort causé au seigneur, *des indemnités*, le
seigneur laissera l'acquisition se parfaire ; il n'exercera
pas le retrait. Mais toujours le monastère est considéré

---

(2) Voir TARDIF, page 504 et *Grande Encyclopédie*, article de
M. Cauwès, au mot Amortissement. — A proprement parler il s'agit
plutôt là d'une indemnité que de l'amortissement proprement dit.

comme une autre personne : il a le droit de posséder, et ce
n'est que par une évolution, lente et mal définie, de la
doctrine que s'introduisit vers le XVIᵉ siècle l'incapacité
d'acquérir de l'Église. A cette époque, l'amortissement ne
dépend plus de l'arbitraire seigneurial, il est fixé par la
coutume ; et d'autre part, ce n'est plus le seigneur immédiat qui seul en profite ; ce sont les seigneurs supérieurs
qui ont le droit d'amortir les arrière-fiefs, en compensation de leur directe mutilée. L'amortissement donné par
le seigneur immédiat constituerait au regard du seigneur
par dessus, un abrègement de fief, que celui-ci ne serait
pas obligé de souffrir ; il aurait le droit, en pareil cas,
d'exercer la commise et de tenir le fief comme relevant
de lui sans intermédiaire.

Logiquement, si aucun vassal ne peut abréger son fief
au détriment de l'un des seigneurs supérieurs, le roi doit
intervenir dans tout amortissement, car il est le suzerain
de tous les seigneurs de fief. La royauté mit cependant
plus d'un siècle à confisquer sur les hauts seigneurs, le
droit d'amortir ; elle ne le reconnut plus d'abord qu'au
profit des pairs de la couronne, puis elle passa sous silence leurs prérogatives ; enfin Charles V proclama la
règle : « au roi seul et pour le tout appartient amortir » (1372).

Vers le XIVᵉ siècle, l'amortissement transformé en pré-
rogative régalienne, entre dans une troisième phase.
On distingue dès lors, ce que le roi peut exiger comme
souverain, c'est le droit d'amortissement proprement dit ;
et ce qui est dû aux seigneurs de fief à raison du préjudice féodal qu'ils éprouvent, le droit d'indemnité.

L'histoire générale du droit d'amortissement correspond donc aux trois périodes : franque, féodale, de re-
constitution de la souveraineté royale.

Ce qui montre bien que l'Église eut, au début, pleine
capacité pour acquérir, c'est que, lors de la constitution

de la féodalité, ses biens étaient fort développés. Clovis lui avait fait des donations considérables, que Clotaire Ier avait confirmées ; Clotaire II avait ajouté des privilèges et des exemptions, et les monastères par ces moyens et par d'autres encore, dit l'abbé Fleury (droit public, tome 2°, page 155), avaient encore augmenté leur patrimoine. Le clergé était devenu si riche que Chilpéric, si nous en croyons Grégoire de Tours, s'en était plaint avec amertume : « *Ecce pauper remansit fiscus noster ; ecce divitiæ nostræ ad Ecclesias translatæ ; nulli penitus nisi soli Episcopi regnant* (livre 6, chapitre 46). Et le chroniqueur ajoute que Chilpéric révoqua la faculté d'acquérir accordée aux Églises par ses prédécesseurs, mais que cette défense fut levée par Gontran et Dagobert, qui permit à tout homme libre de se donner « lui et son bien » à l'Église. Celle-ci devint riche et oisive ; ses acquisitions s'accrurent ; aussi Charles Martel n'hésita-t-il pas maintes fois à s'en emparer (1). Mais l'Église n'en reste pas moins capable, et c'est parce qu'ils ont confondu le fait et le droit que certains auteurs ont conclu des spoliations fréquentes des églises à cette époque, à leur incapacité en droit. C'est là une erreur ; aussi les monastères ont-ils toujours pu acquérir, et si les principes mêmes du droit féodal les firent souvent déposséder, *en cas d'acquisition,* ce ne fut jamais sans compensation. L'extrême mesure prise contre les personnes de mainmorte fut l'obligation de vider les mains dans l'an et jour ; on permettait au couvent d'acquérir provisoirement, mais il devait sur sommation du seigneur se défaire de la tenure dans le délai indiqué ; il ne perdait que peu, car la valeur du fief vendu lui revenait

(1) On lit dans les écrits du temps que « son corps fut emporté dans les enfers et qu'à l'ouverture de son tombeau on n'avait trouvé qu'un dragon affreux et d'une puanteur horrible ». Comme l'on voit, il a toujours été mauvais de se faire persécuteur de l'Église.

sans aucune déduction pour droits de mutation (il y avait
là en effet une mutation forcée). Si le couvent ne se des-
saisissait pas, commise (1) était prononcée au profit du
seigneur de qui relevait la tenure ; à moins que le seigneur voulut enfin consentir à la dation d'un homme
vivant et mourant ou au payement d'un droit d'amortissement-indemnité (2), en vue de la représentation des droits
de mutation. Avec le temps cet amortissement-indemnité
s'étendit et se décomposa en un double droit : celui d'a-
mortissement, au profit du roi, celui d'indemnité, au profit du seigneur.

On a beaucoup discuté dans l'ancien droit sur l'origine
du droit d'amortissement, et au point de vue historique
et au point de vue théorique.

Parlant de Philippe III le Hardi, Eusèbe de Laurière (3)
cite ces mots de la chronique de Limoges : *Iste Philip-
pus qui tanti viri fuit filius, cœpit initio suo gravare
Ecclesiam de acquisitis.* Ce Philippe qui fut fils d'un si
grand homme commença au début de son règne à grever
les Églises à propos de leurs acquêts. — C'est en effet
en 1275 que nous trouvons la 1re ordonnance sur le droit
d'amortissement. — Il est prouvé par des chartes des
11e et 12e siècles que le clergé devait *indemniser* seulement le seigneur immédiat ; le roi lui-même n'avait de
prérogatives à exercer que s'il s'agissait de terres relevant immédiatement de lui. Pour opposer partout une
digue à l'envahissement de la mainmorte, les officiers
royaux auraient reçu l'ordre du roi de saisir tous les

_____

(1) *Etablissements de Saint Louis*, livre 1, c. 129. Edition Viollet,
tome 2, pages 214 et 245.

(2) Nous employons cette expression amortissement-indemnité
parce qu'alors les droits d'indemnité et d'amortissement se confondent.

(3) *Dissertation sur l'origine du droit d'amortissement*,
page 100 et s...

fonds dont les Églises étaient en possession sans son consentement ou sans celui de ses prédécesseurs ; l'habitude
se serait introduite de procéder ainsi, quoiqu'il n'y eut
point encore d'ordonnance générale ; et c'est là ce qui
expliquerait le fait cité (1) par M. Langlois, de droits d'a-
mortissement perçus sous Louis IX, de 1256 à 1259 et de
1268 à 1269 au nom du roi, et dont la perception ne parut point irrégulière, si nous en croyons une série de
chartes du cartulaire normand. Est-ce à dire, comme le
prétend, après De Laurière, un auteur contemporain (2)
que cette opinion n'aurait eu pour but que de satisfaire
le désir de placer sous le patrimoine d'un roi que l'Église
a mis au nombre de ses saints, un impôt particulièrement
désagréable à celle-ci ; il y a là, croyons-nous, une confusion ; Saint-Louis fut favorable à la *religion* catholique ; il ne vit pas d'un meilleur œil que nos autres rois,
les empiétements de l'Église, et l'augmentation démesurée
de ses possessions en était un qu'il devait combattre. Ce
fait qu'il n'y eut pour ainsi dire pas de résistances, (si
l'on excepte celle des Templiers), à l'ordonnance de 1275,
ne prouve-t-il pas, dans une époque où l'Église était toute-
puissante, que la mesure édictée n'était pas absolument
nouvelle. C'est aussi l'opinion de M. Langlois (3) ; suivant lui, l'ordonnance de 1275 (4), applicable *in feodis
vel extra feoda domini regis*, ne pose pas de règles nouvelles, mais asseoit les anciennes, en en réglant les points
de détail ; en outre, elle expose pour la première fois les
motifs théoriques des mesures prises *ecclesiarum utili-
tati et subjectorum quieti* ; enfin elle règle le taux de
l'amortissement, le délai à partir duquel le droit à l'a-

---

(1) LANGLOIS. *Philippe III le Hardi*, page 235.
(2) TISSIER, page 544.
(3) *Histoire de Philippe III le Hardi*. (p. 206 et s..., p. 231
et s...).
(4) *Ordonnance de 1275*, ISAMBERT, t. 2, p. 657 et s...

mortissement sera annulé par la prescription, les droits
respectifs du roi et des barons à l'amortissement.

Ce qu'il importe de remarquer, c'est que les obligations des monastères avaient pour but, non de protéger
les héritiers du donateur entre des libéralités excessives,
mais uniquement de prévenir l'abrégement du fief et de
sauvegarder les droits du suzerain ; aussi les héritages
allodiaux ou roturiers ne furent-ils soumis au droit d'a-
mortissement que plus tard, en 1372, sous Charles V.

M. Beaune (1) soutient avec raison, semble-t-il, que
l'amortissement au début, n'avait nullement pour objet
de prévenir la trop grande accumulation des terres entre
les·mains des établissements de mainmorte, que c'était
une mesure fiscale qui devait y conduire rapidement,
mais que l'édit de 1275 avait simplement voulu garantir
aux églises, si souvent évincées, la propriété de tous les
immeubles achetés ou reçus par elles depuis 29 ans à la
condition de payer au fisc la valeur de deux années de
revenus, si les biens avaient été acquis à titre d'aumône
et de trois années s'ils l'avaient été à titre onéreux. Cela
expliquerait l'article 1er de l'ordonnance, par laquelle le
roi défend de molester les églises au sujet des acquisitions qu'elles ont faites par le passé dans les terres de
ses barons (3). Mais il faut qu'elles aient été amorties par
trois seigneurs médiats, sans compter celui qui aurait
donné ou vendu sa terre. Elles seront, d'autre part, dispensées de mettre hors de leurs mains les immeubles
qu'elles posséderaient depuis vingt-neuf années, dans les
fiefs et arrière fiefs du roi, pourvu qu'elles paient en ar-

(1) *Condition des biens dans l'Ancien droit*, page 70 et s...
(2) *Videlicet quod senescalli, baillivi, prepositi, vice comites
et alii justiciarii nostri cessent, et absti.eant molestare ecclesias super acquisitionibus, quas hactenus fecerunt in terris ba-
ronum nostrorum*, etc.

gent la valeur des fruits d'une à trois années, selon qu'il
s'agit de fiefs ou d'alleux, d'acquisitions à titre gratuit ou
à titre onéreux. Ces tarifs furent modifiés sous les suc-
cesseurs de Philippe III, dès Philippe-le-Bel ; mais il
nous intéressent peu au point de vue des principes du
droit ; le caractère et les conditions essentielles restent
les mêmes.

Ajoutons que Philippe III avait reconnu aux grands
vassaux, aux barons, le droit d'amortir; le droit exclusif
n'appartient au roi que sous charles V, en 1372 (1).

Quoiqu'il en soit des difficultés historiques, que nous
avons voulu simplement indiquer, le droit d'amortissement s'est formé et développé ; l'idée est alors venue d'en
rechercher les fondements théoriques et l'on a fort argu-
menté sur ce sujet à la fin du xviie et au commencement du
xviie siècle. De Laurière, généralement suivi par les auteurs contemporains (2), indique les 4 motifs que l'on
a surtout invoqués (3).

1º La primitive Eglise n'admettait pas, se fondant sur
les termes même de l'Evangile, que les personnes ecclésiastiques pussent acquérir ; elles l'ont cependant fait ;
le roi, percevrait pour cette raison, un droit sur leurs acquisitions. C'est là une théorie si contestable qu'elle ne
fut guère soutenue ; l'Eglise primitive a pu acquérir ; on
ne peut établir aucun raisonnement sur une proposition
fausse ;

2º Les ecclésiastiques sont incapables de posséder des
fiefs, car ils ne peuvent point rendre les services que les
vassaux doivent à leurs seigneurs;

Ce second motif ne vaut guère mieux que le premier ;

---

(1) Page 480, nº 11, tome 5 des *ordonnances de la troisième
race*, l'instruction du 8 mai 1372. Comparer pages 591, et 592.
(2) Particulièrement monsieur Glasson.
(3) Voir BACQUET, *Traité des nouveaux acquêts*, chapitre 5.

car il conduirait à dire que les mineurs sont incapables de posséder des fiefs, alors qu'ils peuvent être desservis par des gardiens ; en fait les monastères ont pu être représentés par des vicaires ou des vidames ; et d'ailleurs, comment expliquerait-on que l'amortissement fût également exigible des rotures (1).

3° Ils finiraient par trop posséder du royaume et entraîneraient à côté d'une diminution de services, une surcharge de taille pour les sujets.

De Laurière repousse absolument un tel motif ; pour lui les droits d'indemnité et d'amortissement sont des moyens, des tempéraments, non des obstacles à leurs acquisitions, et raisonner ainsi, c'est tendre à supprimer l'indemnité et l'amortissement pour empêcher les communautés ecclésiastiques de s'agrandir. L'appréciation du vieil auteur nous semble bien absolue ; il est certain que la royauté a eu de grandes craintes au sujet de la mainmorte et qu'elle a pensé qu'il y aurait dans des formalités et des droits à payer, des obstacles, non pas à l'augmentation des biens religieux, mais du moins à la rapidité de leur accroissement. Nous reconnaissons d'ailleurs que, si important que ce motif puisse être, il n'a pas été le seul et qu'on a surtout considéré celui qui est donné comme essentiel par De Laurière, à savoir :

4° La privation des droits de deshérence, confiscation, quints, requints, reliefs, rachats, lods et ventes, amendes et saisines. Cette raison est encore vraie aujourd'hui ; elle a présidé à la confection de la loi sur la taxe de mainmorte et à la conception des impôts qui l'ont suivie, mais celle que nous indiquons auparavant a été prise aussi en considération.

---

(1) Nous avons d'ailleurs expliqué plus haut que les religieux ont eu pleine capacité pour acquérir ; les restrictions ont résulté du régime féodal lui-même.

De toutes ces raisons, les deux dernières sont exactes, mais la seconde a été considérée comme juste par les jurisconsultes du xviii⁰ siècle ; et c'est pour cela que Lefèvre de la Planche (1) a pu dire que l'amortissement n'était autre chose que le prix *de la permission que le Prince accorde de posséder des biens* (2) que les gens de main-morte *tirent du commerce* ; quant au droit d'indemnité, il n'est, selon lui, que le *dédommagement du préjudice qu'ils causeront au seigneur.* C'est là une formule importante, pour l'étude même des impôts sur les congrégations, alors que la théorie est formée ; et dont la connaissance est d'autant plus utile que les législateurs du commencement de ce siècle la connaissaient eux-mêmes fort bien et en étaient imbus. Ce qu'ils avaient appris, c'était la législation fiscale du xviii⁰ siècle : c'est elle que nous envisageons dans notre étude des principes généraux du droit d'amortissement.

L'acte fondamental à cette époque, a été l'édit d'août 1749. Il était l'œuvre (3) du chancelier d'Aguesseau et du contrôleur général des finances, Machault d'Arnouville. Il fut enregistré le 2 septembre 1749. Dans les dis-

---

(1) Lefèvre de la Planche n'admet pas que le droit d'amortissement soit une compensation des profits : cela ne s'applique selon lui qu'au droit d'indemnité. Il oublie que certains droits domaniaux ou fiscaux eussent été perdus pour le roi sans cette compensation et que longtemps (jusqu'en 1724) les deux droits d'amortissement et d'indemnité étaient confondus dans le domaine royal ; la distinction même formulée a donné lieu à des controverses.

Voir *Traité du domaine, livre 5, des droits incorporels faisant partie du domaine,* chapitre 1ᵉʳ.

(2) Il est intéressant de remarquer que le dictionnaire de l'Académie, en 1718, donne textuellement la même définition du droit d'amortissement.

(3) Sur la rédaction de l'Édit de 1749, voyez la thèse de doctorat ès-lettres de M. Marion, sur Machault d'Arnouville, pages 392 et ....
Elle donne également d'intéressants détails sur son application.

positions mêmes qu'il édictait, il n'était pas nouveau, car
il répétait une déclaration du 9 juillet 1738 pour le Hainaut, qui avait été suivie elle-même de 2 autres déclarations, l'une du 1er juin 1739, pour le ressort du Parlement
de Metz, l'autre de 1743, pour les colonies d'Amérique. Et
d'autre part, il confirmait ou complétait sur bien des
points des dispositions maintes fois répétées par des actes
antérieurs.

Dans ses observations sur l'édit d'août, d'Aguesseau
disait : « Rien n'est plus extraordinaire en France, que
de voir les meilleures lois de police tomber en désuétude,
par le grand nombre d'exceptions ou de dispenses qu'on
a la facilité d'accorder. Il est fort à craindre que l'édit du
mois d'août dernier n'ait le même sort, comme l'on en a
vu l'exemple dans des lois à peu près semblables ; ainsi il
est très important d'avoir toujours devant les yeux les
principaux points auxquels il faudra veiller avec attention,
pour assurer l'exécution de cette nouvelle loi. »

Elle avait deux objets généraux : l'un, *d'empêcher la
multiplication* des nouveaux établissements ; l'autre, de
donner *des bornes aux acquisitions des gens de mainmorte* et de les renfermer dans un certain genre de
biens.

Ces dispositions répondaient bien à l'esprit du moment :
« Dans ma province, écrit l'intendant de Soissons au
contrôleur général, le 16 mars 1748, un tiers des fonds est
possédé par le clergé, qui en acquiert encore tous les
jours ». Aussi beaucoup voulaient-ils apporter des entraves
à ces acquisitions, et un écrivain de l'époque allait plus
loin encore : « La loi qui défend à tous les gens de mainmorte de rien acquérir désormais dans toute l'étendue du
royaume a été reçue avec un applaudissement universel.
S'en tenir là, pourtant, serait ne faire les choses qu'à demi.
Il ne nous suffit pas d'ôter à l'état monastique tout espoir

d'accroissement, nous lui devons un nouveau trait de justice, c'est de retrancher beaucoup de ses forces exorbi-
tantes (1). » Ajoutez à cela la grande préoccupation du
moment : l'insuffisance de la population du royaume, qui
faisait considérer plutôt avec antipathie le développement
des ordres monastiques. Mais dans l'esprit des ministres,
il y avait une autre arrière-pensée; on voulait faciliter les
emprunts du roi, en donnant aux rentes sur l'État une
clientèle forcée.

Il est à peine besoin de dire que l'édit fut fort mal
accueilli : des brochures qui représentaient les biens ecclésiastiques comme le patrimoine inaliénable de Dieu, de
l'Église et des pauvres, niaient à la puissance temporelle
le droit de rien soustraire par l'impôt à ce patrimoine
plutôt insuffisant qu'excessif, et soutenaient que le clergé
était pauvre, que ses charges étaient extrêmes en comparaison de ses ressources et que « loin d'être capable de
tout envahir, sa ruine serait assurée si la faculté de
s'agrandir lui était refusée ou restreinte. » Le marquis
d'Argenson prétendit qu'il n'y avait au fond de toutes ces
mesures qu'un expédient; l'Assemblée du clergé de 1750
protesta contre cet acte « antichrétien », le Parlement de
Grenoble refusa d'enregistrer l'édit (2).

Afin d'empêcher la multiplication des nouveaux établissements, l'édit contient deux sortes de dispositions : les
unes ont rapport au passé, et sont comprises dans l'article 13 de l'édit (il devra rétroagir dès la trentième année
avant l'édit de décembre 1666); les autres regardent l'avenir (articles 1 à 13). Toutes concernent plutôt l'existence

---

(1) Arcère, mémoire sur la nécessité de diminuer le nombre et de
changer le système des maisons religieuses, 1755, cité par Marion,
page 400.

(2) Voir la lettre de d'Aguesseau du 13 avril 1750 au Parlement de
Grenoble, œuvres, tome 9, 1776, page 555.

même des congrégations que le régime de leurs biens.

Afin de limiter leurs acquisitions et d'en surveiller le développement, l'édit fait défense à tous les gens de mainmorte « d'acquérir, recevoir ni posséder à l'avenir aucuns fonds de terre, maisons, droits réels, rentes foncières non rachetables, même des rentes constituées sur des particuliers(1) » sans lettres d'amortissement, et après examen (2). Aucune acquisition ne peut être faite sans payer au roi une somme variable suivant les biens dont il s'agira.

Aussi lisons-nous dans Héricourt (3) : « L'amortissement comprend la *permission* que le roi accorde aux gens de mainmorte de posséder des biens immeubles en France, en toute propriété, et *la finance* que les gens de mainmorte sont obligés de payer au roi pour obtenir cette permission. »

On comprend que l'édit de 1749 nécessitât d'autres actes qui renseignassent exactement la royauté sur l'état des biens ecclésiastiques; de là, la déclaration du 17 août 1750 (4), qui enjoint à tous les bénéficiers du clergé de donner, dans 6 mois pour tout délai, des déclarations des biens et revenus de leurs bénéfices. « Cette connaissance, y lisons-nous, est également importante pour éclaircir les préventions désavantageuses auxquelles l'ignorance de cet objet a donné lieu, et pour nous mettre en état, non seulement de proportionner à ses facultés, les secours que

---

(1) Le clergé a surtout protesté contre la prohibition d'acquérir des rentes sur particuliers « alors que les autres rentes sont plus avantageuses et ne sont pas soumises à l'amortissement », d'AGUESSEAU, page 550.

(2) Le préambule de l'Edit constate le payement du droit d'amortissement et l'usage qui s'était introduit de le recevoir sans aucun examen. ISAMBERT, tome 22, page 227.

(3) HÉRICOURT, lois ecclésiastiques de la France, du chapitre III, des acquisitions faites par l'Eglise, de l'amortissement et de l'indemnité, n° 8.

(4) Voir ISAMBERT, tome 22, n° 662, page 236.

les besoins du royaume peuvent nous obliger de lui demander, mais encore de juger du plus ou moins de facilité qu'il est de notre prudence d'apporter aux nouveaux
établissements qu'on pourrait nous proposer, et aux nouvelles acquisitions que les gens d'Eglise voudraient faire. »
Cette déclaration proroge le délai donné par les déclarations précédentes pour les fois, aveux, hommages et dénombrements (1). Les prorogations se suivent et l'édit ne
sera jamais complètement appliqué (2) mais son principe
est toujours maintenu (3). Il va nous donner avec les actes
antérieurs non abrogés l'ensemble des principes du droit
d'amortissement. Des deux éléments que cet amortissement comprend, l'autorisation de posséder et le droit payé
à la couronne, le second seul nous importe. Le roi seul
peut amortir (4), mais qui va solder le droit d'amortissement? Est-ce la personne de mainmorte ou celle de la
main de qui sort l'immeuble?

Distinguons 3 cas :

1°. Il s'agit d'un legs : il est de maxime au Palais, di-
sent les auteurs du xviiiᵉ siècle, que les héritiers sont tenus
d'acquitter les gens de mainmorte des droits d'amortissement et d'indemnité ; ils citent des arrêts à l'appui. De
même le légataire universel devra payer l'amortissement

_____

(1) Voir particulièrement la déclaration du 20 novembre 1725.
Isambert, tome 21, p. 296, n° 333.

(2) Encore en 1789, on proroge les délais ; voir Isambert, arrêt du
Conseil du 23 août 1780, tome 26, page 370, n.1379, et comparer avec
la déclaration d'août 1780, sur l'Edit de 1749, même volume, n. 1380.
Voir également sur ce point Turgot, œuvres, tome 2, p. 410 et
l'arrêt du Conseil d'état du 10 septembre 1775.

(3) Le 20 juillet 1762 est rendue une déclaration interprétative de
l'Edit de 1749 ; l'art. 14 déclare que les impôts de droit commun seront payés par les biens non amortis, en attendant que les établissements aient vidé les mains.
Isambert, tome 22, page 313.

(4) Maxime 59 de Loysel. « Nul ne peut amortir que le roi ».

du legs particulier, car le testateur, on le présume, a
voulu que son legs fût de la totalité de la valeur portée
dans son testament, et surtout « les gens de mainmorte
étant incapable de posséder par les lois du royaume, sans
lettres d'amortissement et sans payement du droit, la délivrance n'est pas valable et ne met pas le légataire en état
de jouir, et le légataire ne peut avoir la possession que le
droit d'amortissement ne soit payé », par conséquent le
payement de ce droit fait partie des frais nécessaires
pour parvenir à la délivrance que les héritiers sont tenus
de faire. (Voir le Règlement du 13 avril 1751, article 1).

2°. Il s'agit d'une donation entre vifs ; la solution est
contraire ; le donateur est présent pour expliquer ses intentions ; s'il a voulu payer le droit, il l'aura dit en faisant
sa libéralité.

3°. Il s'agit d'une acquisition à titre onéreux, d'une
vente, par exemple : on appliquera le droit commun, et la
finance de l'amortissement restera à la charge de l'acquéreur.

Quelle sera la quotité du droit perçu ?

Avant la déclaration du roi du *21 novembre 1724,* enre-
gistrée le 27 janvier suivant, les droits d'indemnité et
d'amortissement du domaine royal étaient confondus, on
estimait l'amortissement de ce qui était tenu immédiatement du roi à la valeur du tiers de la chose (1) (suivant
l'ordonnance de Charles VI, de 1402). Des abus, si nous
en croyons, les préliminaires de la Déclaration s'étaient
introduits, aussi a-t-elle voulu préciser et est-elle fort
nette :

Article 1. — Les ecclésiastiques et gens de main morte
qui acquerront à l'avenir par vente, don ou autrement
soit dans notre mouvance ou dans celle des seigneurs par-

_____

(1) Maxime 60 de Loysel. Livre 1. — Edition Dupin et Laboulaye,
tome 1, page 109.

liculiers des biens en fief ou en roture, ne seront tenus de nous payer *pour le droit d'amortissément*, que le *cinquième* de la valeur des biens tenus en fief et le *sixième* de ceux tenus en roture.... etc....

Article 2. — Lorsque les biens seront dans notre mouvance ou censive, il nous sera payé par les dits ecclésiastiques et gens de mainmorte, *outre l'amortissement*, le *droit d'indemnité* sur le pied fixé par les coutumes ou usages des lieux.

Article 4. — Le payement de l'amortissement et de l'indemnité ne dispensera point les dits ecclésiastiques et gens de mainmorte du payement des droits seigneuriaux de leurs acquisitions, et des cens ou autres redevances annuelles, dont les héritages acquis peuvent être chargés ; non plus que de nous fournir homme vivant et mourant aux effets qu'il appartiendra.

L'amortissement sera donc, en règle générale du cinquième de la valeur des biens tenus en fief et du sixième de ceux tenus en roture; ce n'est pas une règle absolue pour tout le royaume ; en Bourgogne, le droit est de cinq ans de revenus pour les biens nobles, et de trois ans pour les biens roturiers; dans l'Artois, la Flandre et le Hainaut, on ne distingue pas entre les biens et l'impôt est égal à 3 ans de revenus, sans distinction (les hôpitaux cependant ne payaient qu'un an et demi de revenus). Lorsqu'il fallait calculer la valeur du bien, on prenait comme base la valeur du fermage, que l'on considérait comme en étant le vingtième, le vingt-deuxième, ou le vingt-cinquième, suivant qu'il s'agissait d'une censive, d'un fief de seigneur, ou d'un fief du roi.

Il y avait d'ailleurs des exemptions assez étendues, résultant de dispositions des actes législatifs ou d'actes d'autorité. Les premières sont indiquées en détail par

Denisart (1); citons comme non imposés les bâtiments servant au logement des communautés ecclésiastiques et les jardins alentour servant aux personnes religieuses; les secondes résultent des tempéraments apportés par le roi dans l'application du droit d'amortissement. La royauté eût voulu connaître l'état des biens de l'Eglise; ses efforts en ce sens sont bien connus; mais elle voulait surtout se procurer de l'argent, et c'est pourquoi s'introduisirent à côté des amortissements spéciaux d'autres amortissements dits généraux ou mixtes; ceux-là devinrent l'exception. Les amortissements généraux étaient accordés pour tous les gens de mainmorte d'un pays; les amortissements mixtes étaient ainsi nommés parce qu'ils ne s'appliquaient ni *spécialement* à un héritage, ni *généralement* à tout un pays, mais qu'ils concernaient les terres, cens et droits immobiliers d'une communauté.

C'est une histoire fort intéressante que celle des amortissements généraux, nous ne pouvons ici qu'en donner quelques exemples, bien faits pour nous montrer ces efforts de l'Eglise pour cacher au roi la quotité de ses biens.

En 1520, François Ier ordonne la recherche des biens possédés par les ecclésiastiques à l'effet de les obliger à vider les mains; le clergé fit des offres de payer certaines sommes ou. par provinces, ou par diocèses, ou par chapitres, abbayes ou communautés; ces offres furent acceptées; et en conséquence le roi accorda des amortissements généraux en 1522 pour tous les biens acquis jusqu'alors.

En 1547, Henri II ordonne une nouvelle recherche; le clergé obtient des lettres qui restreignent la nécessité des déclarations aux héritages acquis depuis 1522; puis

(1) Collection de décisions nouvelles. 1771. au mot amortissement, nos 20 et s... et no 46.

le roi éclairé par ses conseillers sur le danger de tels procédés exige des offres par diocèses pour l'amortissement général des biens.

Le règne de Louis XIII fournit l'exemple le plus célèbre d'un amortissement général ; par le contrat passé à Mantes le 14 août 1641, il accorda au clergé de France, moyennant une subvention extraordinaire de 5.500.000 livres, un amortissement général ; il promit en conséquence aux communautés ecclésiastiques des lettres d'amortissement de tous les biens par elles possédés jusqu'alors, ce qui fut confirmé par la déclaration de Louis XIV, du mois de juillet 1646. C'est là une date fort importante ; le recouvrement des droits n'est ordonné par les déclarations du 5 juil. 1689 et du 9 mars 1700, qu'à compter de cet amortissement général. Un arrêt rendu en conseil du roi le 22 novembre 1689 rappelle que les ecclésiastiques seuls qui ont contribué au don gratuit seront exempts d'amortissement ; un arrêt du 31 décembre 1689 fixa le terme de la recherche au 1er janvier 1600, à l'égard des autres bénéficiers et gens de mainmorte. Quant à ceux qui ont contribué au don gratuit, ils seront exempts même pour les acquisitions de 1641 à 1700 et ne devront payer que pour les acquisitions ultérieures.

Lorsque les acquisitions faites par gens de mainmorte, donnent ouverture au droit d'amortissement, ils ont *l'an et jour* pour mettre les biens hors de leurs mains ou pour satisfaire au payement du droit s'ils n'ont pas été évincés pendant ce temps, et c'est ainsi qu'une décision du conseil du 8 avril 1752, ordonne la restitution du droit d'amortissement, payé le 20 mai 1749, par les religieuses de la congrégation de Notre-Dame de Caudebec, pour biens acquis, le 3 avril précédent et dont elles ont été dépossédées par retrait lignager dans l'an et jour.

Pour terminer ces développements sommaires, rappelons que l'amortissement ne transforme pas la nature du

bien ; il n'en fait pas un alleu ; il laisse subsister la nature
féodale ; en d'autres termes, il est personnel, non réel.
C'est ce qu'exprimaient les maximes 65 et 69 de Loysel (1).
Mais cela avait été long à admettre ; avant Dumoulin,
l'amortissement était réel (2). En outre, il était imprescriptible, en sa qualité de droit domanial (3) de souveraineté.

Parmi les droits domaniaux qui frappent les biens des
communautés ecclésiastiques, se placent à côté de l'amortissement le droit de *nouveaux-acquêts*. On l'a souvent
confondu avec le droit de franc-fiefs, c'est ainsi qu'un his-
torien contemporain, M. Chéruel (page 297) nous dit,
au mot *droit de nouveaux-acquêts,* qu'il était payé par les
gens de mainmorte qui possédaient des biens non amortis
et par les roturiers qui acquéraient des fiefs. Cette confusion s'explique ; voici en effet ce que disait Claude
Fleury (4) : « la finance des nouveaux acquêts, qui se
lève sur les gens de mainmorte, tous les ecclésiastiques
et toutes les communautés...; le roi se fait payer de temps
en temps la grâce qu'il leur a faite de ne les point con-
traindre à vider leurs mains. Ainsi ce droit est tout semblable à celui des francs-fiefs ; aussi se lève-t-il toujours
en même temps et par les mêmes commissaires, et c'est
d'où vient qu'on joint toujours ensemble ces termes :
« francs-fiefs et nouveaux acquêts ». Le même auteur
rapproche ce droit de celui d'amortissement, c'est qu'il a
la même source, qu'il est également dû au roi comme
souverain, et qu'il est domanial et imprescriptible. Il est

(1) Max. 65. Droit d'indemnité est personnel et n'est dû qu'une
seule fois.
Max. 69. Terre sortant de mainmorte rentre en sa sujétion de féodalité ou censive. Comp. notes de De Laurière.
(2) Voir Ord. de Philippe de Valois, 18 juin 1328, ISAMBERT, t. 2, p. 15.
(3) Voyez plus loin.
(4) Edition LABOULAYE et DARESTE, pages 184, 185, 186. *Institution
au droit français,* tome 1er.

dû par tous les gens de mainmorte, pour les biens qu'ils possèdent jusqu'à ce qu'ils soient amortis, et pour ceux dont ils n'ont que la jouissance sans propriété. Tous les biens sujets au droit d'amortissement sont donc sujets au droit de nouveaux acquêts ; mais il y a aussi des biens non soumis à l'amortissement qui sont soumis au nouvel acquêt.

Le recouvrement des droits d'amortissement ne se faisait anciennement que de temps à autre, en sorte que les gens de mainmorte se trouvaient souvent posséder des biens pendant plusieurs années, sans qu'ils fussent amortis. Aussi tous les biens qu'ils acquerraient, à quelque titre que ce fût, étaient réputés nouveaux acquêts, pour les distinguer de ceux valablement amortis qu'ils possédaient, et ils en devaient payer le droit de nouvel acquêt jusqu'à ce qu'ils fussent amortis. Le paiement de ce droit de nouvel acquêt même servait à faire connaître les biens qui devaient être compris dans la première recherche des droits d'amortissement.

Ce droit (1) était payé sur le taux d'une année de revenu pour 20 ans de jouissance de biens non amortis. Mais du jour où l'on exigea que le payement du droit d'amortissement eût lieu dans l'an et jour des acquisitions, ces droits furent en conséquence mis en ferme et il n'y eut plus lieu au droit de nouvel acquêt pour les gens de mainmorte que pour les biens dont ils ont la jouissance, non la propriété.

Lorsque les gens de mainmorte n'ont qu'une jouissance limitée à dix années et au-dessous, ou un usufruit attaché à la vie de quelqu'un, ils ne doivent que le droit de nouvel acquêt, qui doit être payé pour chaque année de jouis-

(1) Ce droit, suivant DE LAURIÈRE, remonte à Philippe le Long. Ordonn. 24 février 1317.

sance, à raison du vingtième du revenu des biens (1). Si
la jouissance est illimitée, elle est considérée comme une
propriété ; le droit d'amortissement est dû, mais celui de
nouvel acquêt n'est pas exigible.

Quoique des biens soient amortis, ils ne sont pas moins
sujets aux droits de nouvel acquêt, lorsqu'ils sont à titre
de jouissance, dans la possession d'une autre mainmorte
que celle qui en a payé le droit d'amortissement ; parce
qu'il est de principe incontestable que les gens de mainmorte ne peuvent posséder des immeubles à quelque titre que
ce soit, sans être personnellement relevés de leur incapacité, par le payement d'une finance ; cette finance est le
droit d'amortissement s'il s'agit d'une propriété ou d'une
jouissance illimitée, et ce n'est que le droit de nouvel
acquêt, pour la jouissance limitée ou pour le simple usufruit.

Il s'en suit donc que l'amortissement d'un bien n'empêche pas que le droit de nouvel acquêt soit dû, lorsqu'une
mainmorte jouit du même bien ; de même qu'un bien déjà
amorti n'est pas moins sujet à un nouveau droit d'amortissement, lorsque la propriété en est transférée à une
autre mainmorte (2).

A côté des droits d'amortissement et de nouveaux
acquêts, les communautés religieuses payaient encore le
droit d'indemnité. Celui-ci est absolument indépendant
des deux autres ; la déclaration royale du 21 novembre 1724
que nous avons citée plus haut le montrerait à elle seule,

(1) Il est ajouté au droit de nouvel acquêt comme au droit d'amortissement, trois sous par livre, dont deux au profit des receveurs et
contrôleurs généraux des domaines : le troisième a été créé par la
déclarasion du roi du 3 février 1760. Voir *dictionnaire de Bosquet*,
au mot Sol.

(2) Il ne suffit pas d'une dispense d'amortissement pour que l'on
puisse conclure à une dispense de nouvel acquêt : en ce cas, l'exemption doit être formelle ; voir LEFÈVRE DE LA PLANCHE, page 427.

mais un arrêt du Conseil d'État du 19 février 1760, que nous rapporte Denisart, le montre mieux encore. L'hôpital des Quinze-Vingts de Paris prétendait que l'exemption à lui accordée par lettres patentes du roi, en ce qui concerne le droit d'amortissement devait être étendue au droit d'indemnité pour deux maisons qu'il venait d'acquérir rue Saint-Thomas du Louvre; les fermiers du roi firent voir que les deux droits étaient absolument distincts et avaient des origines différentes; les administrateurs de l'hôpital des Quinze-Vingts furent condamnés à payer au roi la rente d'indemnité due au domaine à cause de leur acquisition (1). Mais cette rente lui fut payée en tant que seigneur immédiat, tandis que l'amortissement lui est versé en tant que souverain. Au XVIIIe siècle, le droit d'amortissement est « le prix de la permission que le prince accorde aux mainmortes de posséder des biens qu'elles tirent du commerce » ; et comme cette possession porte un préjudice considérable au seigneur, un droit d'indemnité leur est payé pour les dédommager des droits de mutation que l'immobilisation leur fait perdre ; à cette époque, la nécessité du payement est bornée au *seul seigneur immédiat* (2).

Si l'on en croyait la maxime 62 du livre 1er des Instituts coutumières de Loysel, le montant du droit serait facile à déterminer : « le droit d'indemnité du seigneur s'estime au cinquième denier de la valeur de la *chose censuelle*, » et la maxime 63 ajoute : « car quant à ce qui est tenu en fief, il en faut bailler homme vivant et mourant, voire confisquant au seigneur haut justicier (3) ». La première maxime n'exprime qu'une vérité relative ; le cinquième

(1) DENISART, au mot *Indemnité de droits seigneuraux*, p. 731, 2e col.
(2) LEFÈVRE DE LA PLANCHE, t. 1, p. 447.
(3) Édition DUPIN et LABOULAYE, t. 1, page 110.

denier est le droit commun (1), mais dans l'Anjou et le
Maine par exemple le droit était égal à la valeur des fruits
de trois années. D'autre part ce cinquième s'estime différemment ; ici, il est égal à la cinquième partie du prix ou
de la valeur, s'il n'y a pas de prix payé, là au revenu de
cinq ans ou à la cinquième partie du revenu à pepétuité.
La seconde semble dire que le fief n'a pas à payer le
droit d'indemnité, mais seulement à bailler homme vivant et mourant ; or il n'y a pas de mutation par vente,
et il faut payer une indemnité au seigneur. Avant 1724,
l'amortissement et l'indemnité due au roi étaient confondus et estimés à la valeur du tiers de la chose (2) ; à cette
époque, la déclaration du 21 novembre les disjoint, fixe le
droit d'amortissement au cinquième de la valeur des biens
tenus en fief, et le sixième des biens en roture, l'indemnité
se comptera sur le prix déterminé par l'usage ou la coutume
du lieu ; mais le roi recevra en payement une rente foncière
non rachetable, sur le pied du denier trente de la somme
à laquelle se trouvera monter le droit d'indemnité.

Remarquons que tout seigneur n'est pas forcé de recevoir ce droit ; il peut, s'il préfère, forcer la communauté
à vider les mains, à moins que l'héritage n'ait déjà été
amorti par le roi (3). Si le droit est payé, les auteurs du
18ᵉ siècle distinguent trois sortes de seigneurs : le seigneur
féodal, le seigneur censuel et le justicier.

Le premier peut exiger l'indemnité *plus* la prestation

(1) Voyez BACQUET, Œuvres, 1744, tome 2, page 434 et s., et p.
455 et s. D'autre part, dans le recueil de ses arrêtés, Lamoignon
propose, dans son chapitre du droit d'indemnité (titre 18) un
article 24 ainsi conçu dans ses premiers termes : « Pour le droit d'indemnité sera payé en argent le tiers de la valeur des biens féodaux,
et le cinquième des rotures (édit. 1777, page 105).
(2) Voyez LOYSEL, Maxime 60, livre 1, page 109.
(3) LEFÉBVRE DE LA PLANCHE, page 419.

d'un homme vivant et mourant (1) par la mort duquel
un droit de relief sera dû ; l'indemnité est alors moins
élevée que s'il n'y avait pas d'homme vivant et mourant.
Il semble bien que ces prestations n'aient pas donné tous
les résultats espérés, et l'on voit par exemple, en 1687, le
duc de Savoie ordonner que les gens de mainmorte paie-
raient aux seigneurs les lods *de vingt en vingt ans.* Il y a là
un fait intéressant, il est le seul qui explique la conception de certains orateurs en 1849, lors de la création de
l'impôt de mainmorte.

Le second, en droit commun, ne peut exiger d'homme
vivant et mourant, car la censive ne donne pas lieu au
relief ; mais il en est autrement pour les coutumes qui
l'assujettissent aux droits de mi-lods et de plait.

Enfin le troisième ne peut jamais demander un homme ;
il n'a droit qu'à une indemnité du dixième (2).

Ce droit d'indemnité est-il imprescriptible ? Loysel, au
titre des prescriptions, nous dit (3) à propos des gens
d'église que si dans l'an et jour de l'approbation faite de
leur contrat ils ne sont sommés d'en vider leurs mains,
ils n'y peuvent plus être contraints et il ajoute : « par
trente ans ils en prescrivent l'indemnité, et le droit d'amortissement par 100 ans, car, contre le roi, n'y a prescription
que de cent ans ; qui est ce qu'on dit communément. Qui
a mangé l'oie du roi, cent ans après en rend la plume ».
Cela revient à dire que le droit d'indemnité est pres-
criptible alors que le droit d'amortissement ne l'est
point. Cela fut admis de bonne heure mais resta

(1) Le roi peut l'exiger : voir d'AGUESSEAU, tome 7, édition 1772,
p. 207.

(2) Comparez LAMOIGNON, *du droit d'indemnité,* no 20, p. 104 ;
il pose le principe inverse : pas d'indemnité. Cela intéresse surtout
les alleux.

(3) LOYSEL, édition Laboulaye, tome 2, page 125, max. 14, 15 et
16. BACQUET, *droit d'amortissement,* chapitre 60.

longtemps contesté. D'Aguesseau prétendit que l'indemnité était imprescriptible comme l'amortissement, et il
écrivit tout un mémoire sur ce sujet (1). Il y aurait
selon lui plusieurs inconvénients ; d'abord celui de favoriser les nouvelles acquisitions des gens de mainmorte en
refoulant sur le peuple les charges augmentant avec le
développement de la propriété ecclésiastique ; en second
lieu, raconte-t-il « rien n'est plus commun que l'ignorance,
la négligence ou l'infidélité des procureurs fiscaux » ; si
la prescription contre l'indemnité était reçue, il serait facile au gens de mainmorte d'énerver les fiefs, avant qu'un
seigneur mal instruit pût découvrir les nouvelles possessions ; enfin, le domaine même du roi pourrait être énervé
par rapport à l'indemnité, à la différence de l'amortissement qui est un droit royal.

Si l'indemnité est exigible, les personnes qui la payent
sont les mêmes que celles qui auraient à payer l'amortissement.

Lorsque la mainmorte a payé les droits dont elle est
redevable, elle reste chargée de l'obligation d'exhiber ses
titres, et obligée de se soumettre aux formalités du dénom-
brement ou de la reconnaissance censuelle. Enfin, elle
doit fournir un homme vivant et mourant (2). C'est ce
que d'Aguesseau établit dans une requête pour obliger
les supérieurs et religieux des commanderies de saint-
Antoine « à fournir un homme vivant et mourant au Roi
pour rendre la foi et l'hommage des fiefs qu'ils possèdent
en sa mouvance (3). »

Tels sont les impôts (4) que nous avons considérés comme

(1) *Œuvres complètes*, tome 9, pages 529 et s.
(2) Cette obligation est imprescriptible comme le bien même qui
les cause.
(3) *Œuvres complètes*, tome 7, édit. 1772, pages 207 et 208.
(4) Ils sont supprimés par l'article 1 de la loi des 5-19 décembre 1790.

atteignant plus particulièrement (1) les communautés religieuses dans l'ancien droit ; ajoutés aux obstacles que la
royauté a mis à leur développement, le but poursuivi, n'a
pas été atteint. Le clergé s'appliqua constamment à tenir
secrets les documents qui pouvaient servir à l'imposer ;
l'ignorance du pouvoir lui semblait une garantie de ses
immunités financières. Mais il s'attirait par là l'hostilité
de tous ; la confiscation de ses biens qui était une idée cou-
rante à la fin du xviii° siècle fut opérée sans protestations.

L'histoire de la lutte contre la mainmorte ecclésiastique
à la fin du xvii° siècle et au xviii° demanderait de nombreux
détails et beaucoup de recherches, et encore la certitude
de parvenir à des résultats incontestables ne saurait être
espérée. Nos rois eux-mêmes n'ont pu parvenir à la connaissance exacte des biens et des revenus ecclésiastiques,
ils ont multiplié tous leurs efforts, ils ont exigé des aveux,
des dénombrements, des déclarations, des autorisations ;
toutes leurs précautions ont été mise en échec par l'habileté et l'influence du Clergé ; parfois aussi par leur fai-
blesse ; même l'édit de 1749 n'a pu combattre le développement de la mainmorte.

M. Léouzon le Duc (2) a eu l'ambition de connaître la
fortune des ecclésiastiques, et dans une étude fort intéressante et fort savante, il nous fait part du résultat de
ses recherches. Il y eut nous dit-il, à la Recette du Clergé
à Paris, un état général et authentique des revenus du

---

(1) M. DE CHASSEY, dans son étude sur la *condition fiscale des
Congrégations religieuses* (thèse 1893) a traité du droit de milice
et du droit de gîte, qui ne nous paraissent pas spéciaux aux gens de
mainmorte ; de même, nous n'avons pas cru nécessaire de parler
des exemptions d'impôts, qui nous eussent mené à l'étude d'ensemble
du système fiscal de l'ancien droit.

(2) La fortune du clergé dans l'Ancien régime, *Journal des Économistes*, page 217, année 1881, tome 148.

clergé de France ; cet état nous a été conservé ; on y voit
la preuve de la mauvaise foi du haut clergé en opposition
avec la sincérité du bas clergé et des moines ; mais il résulte de cette recherche que les chiffres donnés corres-
pondraient à des erreurs multiples encore aggravées par
la différence entre la valeur réelle des biens et la valeur
nominale de l'argent qui par suite de la découverte de
mines nouvelles, avait beaucoup baissé à cette époque.
M. Boiteau dans son livre intitulé : « Etat de la France
en 1789 » n'est guère plus précis que M. Taine dans les
origines de la France contemporaine (l'ancien régime).
Et M. Chassin, dans son étude sur les « cahiers des
curés » est aussi vague (1).

Concluons sur ce sujet que la seule certitude possible
sur ce point consiste dans l'idée que les biens des moines
furent considérables et que leur quantité seule peut expliquer et les efforts multipliés de la monarchie et les protestations unanimes des philosophes et des publicistes.
Celles-ci nous sont connues et visent non seulement la
mainmorte mais encore la vie monastique elle-même, et
surtout la célibat, obstacle à la repopulation qui est déjà
l'objet des études de tous les économistes du xviiie siècle (2).

Quant au nombre des religieux, les réformes entreprises
à la fin du xviiie siècle, et particulièrement en 1766 en
firent considérablement baisser le nombre : de 159.900 en

(1) CHASSIN, les Cahiers des Curés, première partie. TAINE, l'Ancien Régime, notes 1 (sur le nombre des ecclésiastiques) et 3.

(2) Parmi ces études, nous ne saurions oublier le projet de l'abbé
de Saint-Pierre pour rendre les établissements religieux plus parfaits
ainsi que ses observations sur le célibat ecclésiastique.
Et nous cédons d'autre part, au plaisir d'une citation amusante de
Voltaire, qui donne assez exactement idée des préoccupations du

1764 (1), il passe en 1788, et si nous en croyons M.Taine
à 60.000.

Lorsque les ordres monastiques reparurent après la
Révolution, le nombre des religieux qui les constituaient
devint plus grand qu'il n'était auparavant ; le dénombre-

temps (Voltaire, *Œuv. compl.*, t. 21, p. 340 et s., chapitre VIII).
« L'homme aux 40 écus, devenu père, raisonne sur les moines » :
— Combien croyez-vous que les couvents renferment de ces gens
utiles, soit en hommes, soit en filles, dans le royaume ?
— Par les mémoires des intendants, faits sur la fin du dernier
siècle, il y en avait environ 90.000.
— Par notre ancien compte, ils ne devraient à 40 écus par tête,
posséder que 10.800.000 livres ; combien en ont-ils ?
— Cela va à 50 millions, en comptant les messes et les quêtes des
moines mendiants.
— Voyons combien 50 millions répartis entre 90.000 têtes tondues,
donnent à chacune : 555 livres.
— C'est une somme considérable dans une société nombreuse, où
les dépenses diminuent par la quantité même des consommateurs ;
car il en coûte bien moins à 10 personnes pour vivre ensemble que si
chacun avait séparément son logis et sa table.
La discussion continue pendant plusieurs pages sur la dépopulation
et se termine ainsi :
— Expliquez-moi, je vous prie, comment il se fait qu'un de mes
amis, pour contredire le genre humain, prétende que les moines sont
très utiles à la population d'un État, parce que leur bâtiments sont
mieux entretenus que ceux des seigneurs, et leurs terres mieux cul-
tivées.
— Eh ! quel est donc votre ami qui avance une proposition si
étrange ?
— C'est l'*ami des hommes*, ou plutôt des moines.
— Il a voulu rire ; il sait trop bien que 10 familles qui ont chacune
5.000 livres de rentes en terre sont 100 fois, 1.000 fois plus utiles
qu'un couvent qui jouit d'un revenu de 50.000 livres, et qui a toujours
un trésor secret. Il vante les belles maisons bâties par les moines,
et c'est précisément ce qui irrite les citoyens : c'est le sujet des
plaintes de l'Europe. Le vœu de pauvreté condamne les palais, comme
le vœu d'humilité contredit l'orgueil, et comme le vœu d'anéantir sa
race contredit la nature.
(1) C'est le chiffre donné par l'abbé Expilly, dans son *Dictionnaire des Gaules et de la France*.

ment des congrégations de 1861-1864 en fit connaître
108.300 dont 90.300 religieuses, chiffre supérieur à
celui de 1788, et l'enquête de 1881 donna un total 155.750.
dont 113.750 religieuses ; le chiffre de 1764 est presque
atteint.

Comme les congréganistes, les biens affectés à leur
entretien et au développement de leurs œuvres augmen-
tèrent avec rapidité ; et l'on songea vite à faire revivre
contre cet accroissement de la mainmorte les principes
de l'ancien droit compatibles avec l'ordre de choses nouveau.

Section 2. — Les mesures fiscales contre les congréga-
tions de 1789 à 1880

Le 16 novembre 1816, M. Lainé, ministre de l'intérieur,
disait, en déposant à la Chambre des pairs le projet (1)
qui devait devenir la loi du 2 janvier 1817 : « Si le projet
de loi ne statue pas sur le droit appelé d'amortissement,
ce n'est pas que Sa Majesté ait l'intention d'en affranchir
les biens qui seront dévolus aux Églises, ou autres établissements d'utilité publique (2), mais comme ce droit
représente celui que le Trésor royal perçoit sur les mutations, il a paru naturel d'attendre et d'observer le cours
des libéralités, avant d'établir un droit qui doit reposer
sur des propriétés dont les établissements que la loi a
pour objet ne sont pas encore en possession. »

Ces lignes suggestives montrent que les législateurs
de la Restauration étaient profondément imbus des théo-

---

(1) *Chambre des Pairs*, page 533, *Archives parlementaires*, 2ᵉ
série, tome 17.
(2) On peut se convaincre en lisant les débats qui suivent, de l'ignorance absolue de la distinction des établissements publics et d'utilité
publique, à cette époque ; cette distinction est toute récente.

ries de notre ancien droit et que plus d'un des textes qu'ils ont élaborés ne sauraient être sérieusement compris si l'on n'avait à l'esprit le souvenir de cet état de choses ; ils tenaient pour corrélatives les deux idées d'acquisition autorisée et d'amortissement. La loi sur les autorisations d'acquérir passa ; celle sur le droit fiscal dut attendre jusqu'en 1849 (1).

Ce fut le 24 octobre 1848 que le ministre des finances Goudchaux présenta à l'Assemblée nationale un projet de loi, non d'amortissement, mais de taxe des biens de mainmorte ; la seule pensée qui avait dirigé cette présentation était la nécessité de trouver des ressources qui compensassent la diminution des impôts dont la Révolution de 1848 avait été la cause et permissent en même temps de couvrir les dépenses nouvelles qu'elle avait occasionnées.

Une commission fut nommée et c'est en son nom que M. Jules Grévy déposa un rapport, le 13 décembre 1848 (2).

Il disait les craintes que lui inspiraient les acquisitions des gens de mainmorte, « dont l'existence se perpétue par une subrogation successive de personnes et qui acquièrent souvent, aliénent rarement et ne meurent jamais. Leurs biens, dont la masse va sans cesse en augmentant sont retirés du commerce, au grand préjudice de la richesse nationale, du trésor public, de la masse des contribuables ». Il rappelait l'universalité de cet impôt et terminait ainsi : « Notre commission en adopte pleinement le principe. Elle y voit un hommage

(1) En 1828, M. Dupin fit une proposition en vue d'établir le droit de mainmorte, voir son discours du 7 juillet 1828, à la Chambre des députés (*Archives parlementaires*, 2ᵉ série, tome 55, page 615).

(2) Voir au *Moniteur* de 1848, l'exposé des motifs du projet Godchaux, page 3002, et le rapport de M. Jules Grévy, page 3583. Voir les discussions au *Moniteur* des 17 janvier 1849, 18 février et 21 février. La loi est adoptée le 20 par 602 voix contre 95.

rendu à la règle fondamentale en matière d'impôt, l'égalité ; un terme à une violation préjudiciable de cette règle ». Malgré les propositions faites au sein de la commission, elle n'a pu étendre l'impôt aux valeurs mobilières ; ç'eut été sans doute une conséquence logique du principe de la loi, mais des considérations pratiques militaient puissamment contre une telle assimilation : « Sans contester que telle puisse être la conséquence rigoureuse du principe de la loi, la majorité a pensé que, si les valeurs mobilières échappent au droit de mutation par décès, leur mobilité les soumet du moins au droit de transmission entre-vifs ; que les éléments manqueraient pour déterminer la taxe avec précision et qu'en tous cas, la perception en serait pleine de difficultés et d'inconvénients ».

Le principe admis, on dut calculer le montant de la taxe ; comment arriva-t-on à la conception d'une taxe de 62 centimes 1/2 pour franc du principal de la contribution foncière (art. 1 § 2, loi 20 février 1849) ? : « Le projet de loi, disait M. Goudchaux, tend, par esprit de justice et d'égalité, à ce que les biens qui ne sont pas dans le commerce et qui appartiennent aux congrégations religieuses, soient assujettis, sinon aux mêmes droits que les propriétés particulières, du moins à un impôt équivalent aux droits que les particuliers ont à supporter. Ainsi les biens des particuliers, successivement transmis par actes entre vifs et par décès, donnent lieu à chaque transmission, à un nouveau droit proportionnel d'enregistrement qui atteint tous ces biens par période moyenne de 20 à 25 ans ». Les partisans de la loi ajoutaient que sous l'ancienne législation, les droits qu'il s'agissait de remplacer étaient perçus sur le pied d'une année de revenus par 20 ans ; ils estimaient l'importance des mutations qui s'opèrent annuellement dans les propriétés foncières, au vingtième du revenu, c'est-à-dire à 5 0/0. La base sur laquelle on

liquiderait l'impôt étant de 66 millions, la loi produirait
3 300.000 francs. Le revenu sur lequel on basait les estimations était celui du revenu cadastral ; on voulait ainsi
éviter les frais et les difficultés qu'une estimation du revenu réel pourrait entraîner. Le principal de l'impôt foncier, d'après la proportion moyenne de l'impôt au revenu
qui était alors de 8 0/0 environ, s'élevait à 5.280.000,
chiffre qui, multiplié par 0 fr. 625 produisait la taxe évaluée à 3.300.000 francs.

Cet impôt étant la représentation de droits d'enregistrement, devait varier en même temps qu'eux ; il était
naturel qu'avec leur progression concordât l'augmentation
de la taxe représentative. De là, la surélévation de la taxe,
à une époque où des ressources supplémentaires avaient
été nécessitées par les dépenses de la guerre de 1870-71.
De là aussi, l'assujettissement du principal de la taxe aux
mêmes décimes que ceux des droits d'enregistrement.
C'est ce qu'exprimait le rapporteur de la loi du 30 mars
1872 :

« L'article 5, en relevant à 70 centimes du principal, le
taux de 62 centimes 1/2 déterminé en 1849, et qui est
resté le même depuis cette même époque, ne fait que réta-
blir l'égalité au point de vue de la perception de l'impôt
entre ces immeubles et les autres immeubles appartenant
à des particuliers. Un relèvement de 7 centimes 1/2 représente un accroissement d'environ 12 % dans une période de 22 ans. En fait, l'accroissement de la valeur des
immeubles en France, est certainement plus considérable.
Cette augmentation de taxe nous paraît donc très modé-
rée, nécessaire même pour maintenir le principe de l'égalité de l'impôt. Elle ne semble devoir donner lieu à aucune
objection sérieuse.

Le projet a en outre pour but de combler une lacune
des lois antérieures. La taxe des biens de mainmorte

n'étant que la représentation ou l'équivalent des droits d'enregistrement sur les transmissions entre-vifs ou par décès, il est juste que cette taxe subisse les accroissements de tarifs auxquels les droits d'enregistrement sont assujettis d'une façon permanente ou accidentelle. A cet effet, le paragraphe 2 de l'article 5 dispose qu'à l'avenir la taxe des biens de mainmorte sera passible des décimes ».

Ces décimes ont été fixés à 2 1/2 par l'art. 5 de la loi du 28 mars 1872 et la loi du 30 décembre 1873, ce qui donne un montant de 87 centimes, 5 par franc du principal de la contribution foncière (1).

Enfin, ajoutons pour être complet sur l'historique de cette taxe, que les textes précités ont été complétés par l'article 2 de la loi du 29 décembre 1884 qui a disposé : « Les propriétés qui, dans le cours de l'année, deviennent imposables à la taxe représentative des droits de transmission entre-vifs et par décès créée par la loi du 20 février 1849, y sont assujetties à partir du premier du mois pendant lequel elles en sont devenues passibles et sont cotisées par voie de rôle supplémentaire. Sont également imposables par voie de rôle supplémentaire, les propriétés passibles de la dite taxe qui ont été omises au rôle primitif, mais les droits ne sont dus qu'à partir du 1er janvier de l'année pour laquelle le rôle primitif a été émis. »

Résumons brièvement les règles qui président à l'as-

---

(1) En 1850, la taxe de mainmorte produit 3.149.980 francs ;
En 1860,   —   —   —   3.220.007 —
En 1876,   —   —   —   5.089.799 —
L'augmentation vient de 2 causes :
1° Le rehaussement du taux de la taxe de 62 cent. 1/2 à 70 c.
2° L'application de décimes additionnels.
Voyez Vignes, traité des impôts, page 76.

sietle de cette taxe ; pour qu'un immeuble y soit assujetti, il faut :

α) Qu'il appartienne à une congrégation religieuse reconnue ;

β) Qu'il soit assujetti à la contribution foncière comme immeuble par nature.

α) Le journal de l'enregistrement du 1er janvier 1850 déclarait que, pour être imposable, la congrégation devait être une congrégation religieuse reconnue ; la loi de 1849 ne précisait pas ; elle disait « il sera établi une taxe sur les immeubles appartenant aux congrégations religieuses » et rien de plus ; aussi, plus d'une fois l'administration voulut-elle imposer des établissements non reconnus. C'était, disait-on, des communautés hors la loi qui ne devaient pas bénéficier de l'irrégularité de leur situation. D'un autre côté, on faisait remarquer que tant qu'il n'y avait pas eu d'autorisation conférant à la congrégation la personnalité civile, il n'y avait pas d'établissement de mainmorte. Et c'est pourquoi le Conseil d'État décida le 28 décembre 1853 que les congrégations non reconnues ne devaient point payer la taxe (1). On ajoutait que si une congrégation religieuse existe de fait sans autorisation régulière, elle peut bien être considérée comme faisant fraude à la loi, mais qu'elle en est déjà punie en ce qu'elle ne peut ni recevoir, ni acquérir, ni posséder comme être moral, et qu'en supposant même que cette répression dût paraître insuffisante au législateur, il n'y a là aucune fraude à l'intérêt fiscal en vue duquel a été établie la taxe des biens de mainmorte. Or, disait-on, une communauté de ce genre ne possède pas en son nom ; elle possède sous le nom d'un particulier, et lorsque ce

_____

(1) Arrêt 28 déc. 1853, aff. Dames Carmélites de Libourne, cassant arrêté du C. de préf. de la Gironde. D. 56, 3, 14, S. 54, 2, 409.

particulier meurt, le fisc perçoit les droits de mutation ; le fisc est désintéressé à ce point de vue, le seul que nous devions considérer (1).

Le bien d'une congrégation reconnue doit-il lui appartenir en *pleine propriété* ? A supposer l'établissement nu-propriétaire, il ne serait pas juste d'exiger la taxe pour le tout, comme s'il avait la pleine propriété. En ce cas d'ailleurs, le nue-propriété seule est retirée de la circulation, et l'usufruit qui en est séparé continue à être dans le commerce comme il y était auparavant. L'État ne perdant les droits de mutation que sur une partie de la propriété, il est juste que la taxe de mainmorte qui est représentative des droits de mutation et de transmission ne soit pas exigée intégralement. Aussi la jurisprudence administrative ne la calcule-t-elle que sur la moitié seulement du principal de la contribution foncière. Cette pratique est d'ailleurs conforme à la jurisprudence de la Cour de Cassation (2), d'après laquelle les droits de mutation sur les actes relatifs à la nue-propriété ne sont calculés que sur la moitié de la pleine propriété, conformément à l'article 15, 6° de la loi du 22 frimaire VII.

Ainsi en a-t-il été jugé par la section du contentieux au Conseil d'État le 13 août 1851 (aff. hospice d'Alby) (3), considérant « que, d'après le droit commun et les dispositions de la loi du 22 frimaire an 7, l'usufruit, lorsque le prix n'en a pas été déterminé par l'acte même de transmission représente pour la perception des droits de mutation, la moitié de la propriété pleine et entière ; que, dans le même cas, à l'égard de la nue-propriété, après la première mu-

_____

(1) Les lois actuelles sur le droit d'accroissement détournent tout intérêt de cette question.

(2) Cass. 27 déc. 1847 (aud. solen.) et 21 juin. — D. 48, 1, 27 et D. 48, 1, 105.

(3) S. 52, 2, 75. — S. 69, 2, 312. — D. 70, 3.74. — Voyez BATBIE, *droit public*, tome 6, n. 147, 2e édit. p. 119.

tation, lors de laquelle il est toujours payé un droit proportionnel calculé sur la valeur entière de l'immeuble,
les mutations entre-vifs ou par décès ne sont soumises
qu'à un droit proportionnel calculé sur la moitié de la
valeur de la pleine-propriété, etc... » C'était là, à notre
avis parfaitement jugé ; le droit de mainmorte, on ne saurait trop le répéter, est la représentation d'un droit d'enregistrement ; or, la loi fondamentale de l'enregistrement
fait une départition entre l'usufruitier et le nu-propriétaire ; donc, elle doit être étendue à la taxe de mainmorte.

S'il s'agit d'un droit différent de l'usufruit et cessible,
le raisonnement sera le même ; prenons par exemple
l'emphytéose qui a donné lieu dans la doctrine à de nombreuses discussions ; la loi d'enregistrement n'en parle
pas, donc les établissements de mainmorte doivent cette
taxe sur la totalité de la contribution foncière qui grève
ces immeubles, sans déduction d'une portion correspon-
dant aux droits et obligations du preneur à bail ; et c'est
ce que le conseil d'État (1) a décidé le 9 février 1869, en
cassant un arrêté du Conseil de préfecture qui en avait
jugé autrement et avait fait pour l'imposition le départ entre la valeur du domaine utile et celle du domaine direct.

β) Il faut en second lieu pour qu'il y ait lieu à l'application de la taxe de mainmorte qu'elle vise un immeuble
imposable à la contribution foncière, et qu'il s'agisse d'un
immeuble par nature (article 517 Code civil) ; cela
résulte et du texte et des débats... « Ce n'est pas, dit
M. Reverchon (2), que les biens immeubles par leur destination ne puissent être passible de la taxe de mainmorte, dans le cas où la valeur de ces objets constituerait

(1) *Affaire congrégation d'Ernemont*, S. 70, 2, 95 et D. 70, 3, 95.
(2) *Revue critique*, 1878, page 409.

6

l'un des éléments de la détermination du revenu qui sert
de base à la contribution foncière; mais ils n'en seraient
passibles alors que par voie de conséquence, comme accessoires ou comme parties intégrantes de l'immeuble principal et pourvu que cet immeuble y fût soumis lui-même.
Quant aux immeubles par l'objet auquel ils s'appliquent,
n'étant pas assujettis à la contribution foncière, leur
exemption s'impose; on invoquerait en vain le cas de
l'usufruitier qui paye la dite contribution car il ne la
paye qu'en tant que détenteur de l'immeuble, et comme
recueillant les fruits et revenus sur lesquels la trésor a
privilège (articles 1 et 3 de la loi du 12 novembre 1808).
Si l'on suppose un immeuble excepté de la contribution foncière, étant donné que, d'après l'article 1er de la
loi de 1849, la taxe annuelle représentative des droits de
transmission entre vifs ou par décès ne peut être établie
que sur les biens immeubles qui sont passibles de la contribution foncière, le dit immeuble sera lui aussi exempté,
et c'est ce que le conseil d'État (1), malgré des conclusions contraires présentées par le ministre des finances,
a décidé le 30 mai 1861.

Terminons ces développements sur la taxe de mainmorte par une double observation :
1° Lors des discussions de la loi, on proposa d'exempter
les établissements charitables; cela fut repoussé; car on
n'a pas à considérer la destination des biens pour percevoir un droit de transmission; et, l'impôt de main morte
en est la représentation.
2° Il n'y aura jamais lieu à remise ou modération, parce
que nous sommes en réalité en face d'un droit de transmission, et aussi parce que cela résulte formellement du
rejet d'un article additionnel en ce sens, proposé à la

_____

(1) *Recueil des arrêts du Conseil d'État*, 1861, page 458.

séance du 28 février 1849 par MM. Besnard et Thomine-Desmazures (1) (2).

La taxe de main-morte n'avait pas été considérée comme un moyen d'arrêter les acquisitions des personnes de main-morte mais seulement comme un procédé en vue de faire supporter à leurs biens les charges qui incombaient à ceux des particuliers. Aussi les acquisitions des congrégations ne s'arrêtèrent point, elles progressèrent d'autant plus aisément que la loi de 1850 sur l'enseignement leur donnait la possibilité d'augmenter leur influence et que le second empire, pour des motifs politiques, se montrait d'une bienveillance exagérée envers elles.

Les dispositions à leur égard changent avec la troisième République ; on se préoccupe et du nombre croissant de leurs adhérents, et de l'accumulation progressive de leurs biens ; la loi de finances du 29 décembre 1876 contient un article 12, adopté presque sans discussion et ainsi rédigé : « Il sera dressé pour être publié et distribué aux membres des deux chambres, dans le courant du premier semestre de 1877, l'état de toutes les communautés, congrégations et associations religieuses, quelle que soit leur dénomination, autorisées ou non autorisées, qui existent en France, avec la désignation des communautés qui relèvent directement ou indirectement de supérieurs résidant en pays étrangers. Les ministres de l'intérieur et de l'instruction publique transmettront au ministre de la justice les documents en leur possession sur toutes les communautés religieuses de leur ressort, charitables ou enseignantes,

(1) Voyez REVERCHON, revue critique, 1878, page 637.
(2) Pour plus de détails sur cette taxe. Bulletin des contributions directes et du cadastre, 1848, pages 202, 204, 221, 223 ; et 1855, 1re partie, p. 17, et 111. Revue critique, 1878, p. 396, 555, 622.

qu'elles soient autorisées ou non ». L'état fut dressé (1) et achevé en 1878. Il eut pour résultat de montrer aux plus incrédules les progrès rapides de la main morte (2).

En 1880 est présenté le projet de loi sur la liberté de l'enseignement supérieur, qui est devenu la loi du 18 mars 1880 ; il comprenait un article 7, ainsi conçu : « Nul n'est admis à diriger un établissement public ou privé, de quelque ordre qu'il soit, ni à y donner l'enseignement, s'il appartient à une congrégation religieuse non autorisée ». Cet article est rejeté par le Sénat le 15 mars 1880 ; le 16 mars, la Chambre des députés vote un ordre du jour ainsi conçu : « La chambre confiante dans le gouvernement et comptant sur sa fermeté pour appliquer les lois relatives aux congrégations non autorisées, passe à l'ordre du jour », et les décrets du 29 mars 1880 suivent.

De son côté, le ministre des finances prend une décision, le 3 avril 1880, ayant pour but (3) de restaurer des principes du droit fiscal méconnus et de supprimer un véritable privilège obtenu par les congrégations et datant du 25 juin 1852 ; le ministre des finances de cette époque avait dispensé du droit proportionnel les actes par lesquels les membres des congrégations religieuses de femmes déclaraient dans les six mois de la reconnaissance légale de leur congrégation, que les biens acquis en leur nom per-

---

(1) Etat officiel des congrégations. Imprimerie nationale, 1878. Il est rapporté au *Journal officiel*, 1880, document parlement. de la Chambre, pages 137 à 355. Les résultats les plus généraux ont été publiés dans le *Bulletin de Statistique et de législation comparée*, 1880, p. 249, livraison de décembre.

(2) D'après le décombrement ordonné en 1861 et achevé en 1864, il y avait 18,000 religieux et 90,300 religieux ; en 1878, il y a 113,700 membres de congrég. de femmes autorisées, 14,000 de cong. non autorisées ; 22,840 membres de congrég. d'hommes autorisées, 7,500 de cong. non autorisées.

(3) TESTOUD, *revue critique* 1881, page 722. *Journal de l'enregistrement*, art. 21. 306, 1880, page 281.

sonnel étaient la propriété de la communauté, le tout sous
certaines conditions. C'était une violation du principe de
l'égalité de tous les citoyens devant l'impôt. Une telle décision était contraire à l'article 17 de la loi du 18 avril 1831,
suivant lequel les acquisitions des « départements, arron-
dissements, communes, hospices, séminaires, fabriques,
congrégations, consistoires et autres établissements publics » sont passibles des droits proportionnels d'enregistrement et de transcription selon le droit commun. L'immunité qu'elle consacre au profit des congrégations ne pouvait
pas d'ailleurs être maintenue en présence de la jurisprudence, actuellement bien établie, d'après laquelle tout acte
ou déclaration ayant pour objet de faire passer les biens sur
la tête d'une autre personne que celle qui en était propriétaire apparente d'après l'acte d'acquisition, opère en droit
fiscal une transmission passible de l'impôt proportionnel (1). Cet état de choses prit fin par la décision du
30 mars 1880 qui prescrit aux agents de l'enregistrement
d'appliquer aux déclarations de la nature prévue les droits
fiscaux ordinaires.

D'autre part, M. Brisson qui, lors de la discussion de
la loi sur les réunions et des principes à appliquer pour
légiférer sur le droit d'association, avait insisté sur les
fraudes des congrégations religieuses et « le rétablisse-
ment de la pérennité de la propriété foncière dans les
mêmes mains » proposait, lors de la discussion du budget
de 1881, une série de mesures (2) fiscales contre elles,
connues sous le nom d'amendement Brisson et qui, modi-

---

(1) Voyez l'arrêt de la chambre civile, 11 avril 1877. S. 1877, 1,225.
(2) Ces mesures concernaient les unes, l'application régulière des
impôts de droit commun, qui sont en dehors de notre sujet, les autres, la création d'impôt nouveaux : l'impôt sur le revenu et le droit
d'accroissement, que les rédacteurs de nos lois ont considéré comme
une application *sui generis* du droit commun.

fiées par le Parlement, sont devenues les articles 3 et 4 de la loi du 28 décembre 1880.

Cette loi, mal rédigée, fut inefficace devant les habiletés des congrégations, il fallut la modifier en 1884 et la transformer à nouveau en 1895. Et c'est précisément l'histoire de ces changements successifs en vue d'aboutir à une législation meilleure qui fait l'objet principal de la suite de notre étude. Toutes ces lois ne s'annihilent pas les unes les autres, mais se superposent et se complètent.

CHAPITRE III

La guerre de 1870-71 était terminée, des charges écrasantes pesaient sur nous, auxquelles il fallait pourvoir à tout prix, des impôts multiples furent créés, et l'on proposa un impôt général sur le revenu ; le principe de cette taxation nouvelle fut repoussé ; mais on alla cependant jusqu'à admettre un impôt sur le revenu des valeurs mobilières, moins taxées jusque-là, que les autres sources de revenus. Cela fut fait par la loi du 29 juin 1872.

Au point de vue doctrinal, quelle est la nature de cet impôt ? Est-il direct ou indirect ? L'impôt direct est celui qui frappe certains faits permanents, périodiquement constatés, et est perçu au moyen de rôles nominatifs ; l'impôt indirect frappe certains faits intermittents, contatés au jour le jour et il est perçu en vertu de tarifs impersonnels. Telles sont les définitions générales dont aucune ne semble convenir à l'impôt de la loi de 1872. D'une part, il saisit directement une portion des biens des citoyens et comporte parfois des rôles préparés à l'avance ; mais, d'autre part, il est dû à raison de certains faits, tels que des distributions de bénéfices, et celui qui supporte définitivement la taxe, c'est-à-dire l'associé laisse le soin de la payer à la société. Ainsi les incertitudes de la doctrine et de la jurisprudence s'expliquent ; l'on comprend, d'un

_____

(1) Voyez les ouvrages de DEMANTE, NAQUET, DEMASURE, BESSON, TANQUEREY, LACOSTE-LAREYMONDIE, ROBERT, etc...

côté la qualification d'impôt direct donnée à cette contribution par le tribunal de Valenciennes (1), alors qu'elle recevait de celui de Paris celle d'impôt indirect, et d'un autre côté la conception opposée de deux hommes politiques fort au courant de la question, M. Magne (2) tenant pour l'impôt direct, M. Roger Marvaise (3) pour l'impôt indirect. Ce qui est sûr, c'est que cet impôt a un « caractère » incontestable d'impôt direct, sans être pour cela une contribution directe. C'est l'opinion de notre savant maître, Monsieur Ducrocq (4) ; c'est aussi celle de l'administration de l'Enregistrement qui est chargée du recouvrement de notre taxe. Elle avait à se demander si elle était garantie par le privilège attribué au Trésor public, pour le recouvrement des contributions directes (loi du 12 novembre 1808). La décision de l'administration intervint le 18 août 1880 (5), dans le sens de la négative, car la loi de 1872 applique en notre cas les règles de recouvrement suivies matière de droits d'enregistrement, et ceux-ci ne sont pas privilégiés.

Ce n'est pas à dire que la taxe de 4 0/0 sur le revenu soit un droit de timbre ou d'enregistrement ; elle frappe les *produits* des valeurs mobilières, tandis que les droits d'enregistrement atteignent les actes et les mutations. Elle est simplement perçue par la même administration Ce principe a donné lieu à un arrêt de la Chambre civile fort intéressant, le 3 avril 1878 : « Attendu, que si l'article 43 du décret du 8 thermidor an XIII exempte des droits de timbre et d'enregistrement les obligations, reconnaissances et tous actes concernant l'administration du Mont-

---

(1) Jugement du tribunal de Valenciennes, 23 août 1878 et tribunal de la Seine, 11 avril 1874 (voir *Rép. pér.* 5108).

(2) *Journal officiel*, 1872, p. 4410.

(3) *Journal officiel*, 1881, Sénat, p. 122, annexe n. 171.

(4) Ducrocq. *Droit administratif.* 1881, tome 2e, n. 1157, page 321.

(5) *Journal de l'Enregistrement*, n. 22, 429.

de-Piété, ces dispositions ne peuvent être étendues à l'impôt établi par la loi du 29 juin 1872, *qui ne constitue ni un droit de timbre ni un droit d'enregistrement* (1) ». C'est là une différence avec les autres droits perçus par la même administration sur les sociétés : le droit de timbre sur les actions et obligations de la loi du 5 juin 1850, et le droit de transmission (donc un droit d'enregistrement proprement dit) créé par la loi du 23 juin 1857.

La loi de 1872 est beaucoup plus complète que celles de 1850 et 1857 ; tandis que celles-ci ne s'appliquent qu'aux actions et obligations négociables, celle-là atteint les actions et obligations de toute nature, les emprunts et les parts d'intérêt et ne s'occupe point du caractère civil ou commercial de la société ; tous les capitaux sociaux sont visés par elle. L'impôt de 4°/₀ sera perçu sur les revenus produits par les capitaux de l'actionnaire, du commanditaire, du bailleur de fonds. Et encore, sur la considération que dans les sociétés en nom collectif, le capital est en voie de formation et que les bénéfices sont principalement des produits du travail des associés, la loi du 1er décembre 1875 vint dispenser de la taxe les parts d'intérêt dans les sociétés en nom collectif, et dans les commandites simples, elle ne la fit porter que sur les produits du capital de la commandite.

Dans cette étude, nous n'aurons à considérer la loi de 1872 que dans son application aux actions de toute nature et aux parts d'intérêt. Encore est-il nécessaire de préciser le sens de ces deux expressions : *l'action* et *l'intérêt*. De trop graves controverses se sont élevées sur ce sujet pour qu'il nous soit permis d'éluder les difficultés qu'il pourrait présenter.

La loi a négligé de préciser les caractères de l'intérêt et de l'action. Dans son silence, beaucoup de systèmes se

(1) Sirey, 1878, 1, 279.

sont produits pour établir le critérium de la distinction.
Celui auquel nous nous rallions est celui de notre maitre
regretté, Monsieur Boudant : « En un sens, écrivait le savant professeur (1), les mots intérêt et action sont syno-
nymes, et expriment la même idée, ils servent tous deux
à désigner le droit que chaque associé acquiert dans la
société, en échange de son apport, droit éventuel à une
part de bénéfices tant que la société existe, à une part du
fonds social, quand elle est dissoute ; ils désignent en d'autres termes, une part d'associé. Dans toute société, quels
que soient d'ailleurs son objet, et sa forme, qu'elle soit
civile ou commerciale, qu'elle soit en nom collectif, ou en
commandite, ou anonyme, chaque associé a un intérêt ; il
n'y a pas plus de société possible sans un intérêt pour
chacun des associés, qu'il n'y a de société possible sans
un apport effectué par chacun d'eux. Seulement l'intérêt
a parfois certains caractères qui le transforment en
action, qui lui font donner le nom d'action : l'action est un
intérêt d'une espèce particulière. Les deux mots expriment à la fois une idée commune et distincte : l'un indique le genre, et l'autre l'espèce. »

Devons-nous dire, avec des auteurs considérables, que
le critérium qui permet de distinguer l'action de l'intérêt
est la *cessibilité* ? Il ne nous semble guère possible de voir
en elle le caractère constitutif et distinctif de l'action, car
la cessibilité est une qualité accessoire, qui peut, sous des
conditions diverses, appartenir à l'intérêt et à l'action ; il
peut y avoir des parts d'intérêt cessibles, il peut y avoir
des actions qui ne le sont que sous les mêmes conditions
que les parts d'intérêt. Un tel critérium n'aurait rien de
bien précis. Serait-il davantage dans la *négociabilité* dont
l'action seule aurait le privilège, dans la « *circulabilité* »
pour employer une expression maintes fois répétée pen-

(1) Note au Dalloz, 1869, 1, 73.

dant la discussion de la loi du 5 juin 1850. Sans doute
c'est bien cette aptitude à circuler qui sert, dans le langage des affaires à caractériser l'action, mais en la prenant comme la caractéristique juridique de l'action, elle
impliquerait que les formes de transmission rapide (transfert, endossement, tradition) ne conviennent qu'à certaines
espèces de droits. Et il n'en est rien. Mais que l'on com-
pare la société, de création moderne, la société de capitaux à la société traditionnelle de personnes, n'aperçoit-
on pas de suite que ce qui domine dans la première, c'est
l'intuitus personæ, la considération des apports, que
dans la seconde au contraire l'individualité des associés
est essentielle ; *l'intuitus personæ* prédomine. Ne sommes
nous pas amenés alors de dire avec M. Beudant que pour
déterminer le caractère de l'action, il faut s'attacher moins
à telle ou telle clause des statuts, comme celle qui stipule
la cessibilité, qu'à l'ensemble des circonstances propres à
faire ressortir l'intention chez les contractants, de n'asso-
cier que leurs capitaux. Si de cet examen il résulte que
les associés ont entendu contracter non pas avec telle ou
telle personne déterminée, mais avec quiconque aura versé
à la société le montant de sa mise, il n'est pas douteux
qu'on se trouve en présence d'une association de capitaux,
d'une société par actions, et que les droits des associés
constituent des actions au sens juridique de ce mot. Le
caractère constitutif de l'action n'est donc ni dans la négociabilité, ni dans la circulabilité ; celles-ci ne sont que les
indices habituels qui permettent de reconnaître l'existence
même de ce caractère.

Cette distinction est essentielle, lorsqu'il s'agit d'établir
l'assiette de notre impôt ; car le revenu imposable est
déterminé différemment suivant que nous sommes en
présence d'une action ou d'une part d'intérêt.

En ce qui concerne les actions, aux termes de l'article 2,
le revenu est déterminé « Par le dividende fixé d'après les

délibérations des assemblées générales d'actionnaires, ou
des conseils d'administration, les comptes rendus, ou à
leur défaut, tous autres documents analogues. » Là, il ne
pouvait y avoir de difficulté. Les sociétés par actions doivent, par la nature même de leur constitution, rendre
compte périodiquement à leurs membres des résultats de
la gestion et fixer dans des rapports ou dans des comptes
rendus, le montant du dividende revenant à chaque action.
Pour ces sociétés qui vivent de publicité, il n'y avait
aucun inconvénient à percevoir la taxe sur le revenu réel
tel qu'il est déterminé par les documents dont il s'agit. Il
n'en est pas de même dans les sociétés non divisées par
actions : ici, il ne saurait y avoir d'assemblées d'actionnaires, ni par conséquent de comptes rendus faits à des
assemblées pour constater les bénéfices de l'année. Certaines commandites simples, parmi les plus importantes,
ont des conseils d'administration qui prennent des délibérations à ce sujet. Ces délibérations sont des documents
tout indiqués pour la détermination du revenu ; mais quand
elles n'existent pas, il a fallu trouver un mode de détermination ; de là, le § 3 de notre article 2 : « Pour les parts
d'intérêt et commandites, par les délibérations des conseils
d'administration, ou, à défaut de délibération, à raison de
5 pour 100 soit du prix moyen des cessions de parts d'intérêts consenties pendant l'année précédente, et dûment
enregistrées, soit du montant du capital social ou de la
commandite ». Or il peut arriver que le revenu soit supérieur à 5 0/0, ou qu'il soit nul, ou qu'il soit inférieur ;
et toutes les difficultés seront tranchées facilement pourvu
qu'on s'inspire de l'esprit de loi, qui veut avant tout
n'être pas inquisitoriale, et qui n'établit le forfait de 5 0/0
que si des délibérations n'ont pas eu lieu (et la preuve de
leur existence appartient à l'administration). De là il suit
que si le revenu est supérieur à 5 0/0, l'administration ne
peut l'établir que par des délibérations de conseils d'admi-

nistration, et non par les documents analogues de l'art. 2,
§ 2 ; qu'inversement si le revenu est inférieur à 5 0 0, la
société ne peut l'établir que par des délibérations régu-
lières et non pas d'autres preuves. Mais le problème devient singulièrement plus complexe si la société offre de
prouver qu'elle n'a pas de revenus, du tout ; et, en doctrine, comme en jurisprudence, de graves controverses
se sont élevées sur ce point.

En faveur de la possibilité pour les sociétés d'établir
l'absence totale de revenu, on invoquait le texte même de
la loi de 1872, loi relative à un impôt *sur le revenu*, dont
l'art. 2 dit : « le revenu est déterminé » ; or, pour déterminer un revenu, il faut qu'il existe, on ne détermine pas la
quotité d'une chose inexistante ; percevoir l'impôt là même
où il n'y aurait pas de revenu, ce serait l'établir sur le
capital, contrairement à toutes les manifestations de volonté
du législateur de 1872. L'esprit de la loi est donc en harmonie avec son contexte pour détruire une telle prétention.

En sens contraire, on disait : le législateur, pour éviter
les mesures inquisitoriales a établi un forfait ; il ne permet
pas à l'administration d'user en vue de la preuve d'un
revenu supérieur à 5 0/0 des documents analogues du
§ 2 de l'article 2 ; il serait injuste qu'on pût employer
contre elle des documents dont elle ne peut se servir.

La Chambre civile de la Cour de Cassation, sur les
conclusions de M. Desjardins, a repoussé cette seconde
théorie le 13 avril 1886, et elle distingue deux opérations
que l'on ne saurait confondre : la fixation de l'assiette
de l'impôt et le calcul de sa quotité ; aussi a-t-elle décidé
« que l'article 2, relatif au forfait de 5 0/0, s'applique
uniquement au cas où il s'agit de fixer le chiffre du revenu,
qu'il ne saurait faire obstacle au droit qui appartient à la

(1) Sic. D. 1886, 1, 185. En sens contraire, Cass. req. 18 nov. 1878.
S. 79, 1, 81, 28 janv. 1879, D. 79, 1, 293. Testoud, *Revue critique*,
page 79 et s...

société, de prouver, par tous les moyens légaux, qu'elle
n'a eu aucune espèce de revenus. »

Nous aurions posé les principes essentiels de la loi de
1872 s'il ne nous restait à dire quelles collectivités sont
soumises à l'application de cette loi et les conditions de
cet assujettissement.

L'article 1er de la loi de 1872 frappe « tout les sociétés,
compagnies ou entreprises quelconques. » Il n'y a là,
croyons-nous, qu'une de ces redondances de mots dont le
législateur nous donne si souvent l'exemple, en matière
fiscale. Le contribuable, guidé par son intérêt personnel
est toujours habile à découvrir des issues pour échapper
à la taxe; la loi doit l'enfermer dans un filet si serré qu'il
ne puisse trouver aucun passage à travers ses mailles.
Aussi, malgré la généralité du texte, devons-nous reconnaître que notre loi ne s'applique qu'aux associations et
entreprises qui réunissent les éléments du contrat de
société, à savoir la mise d'une chose en commun par l'effet
d'une convention, et, la vue d'un bénéfice à partager. C'est
pour ce motif que les compagnies d'assurances mutuelles
et les sociétés de secours mutuels ne sont pas assujetties
à la taxe de 4 0/0, parce que ce ne sont pas des sociétés,
mais plutôt des conventions aléatoires d'indemnité et la
même solution conviendrait à l'égard des collectivités
particulières qui, sous le nom de monts de piété, hospices,
bureaux de bienfaisance, caisses d'épargne, etc... constituent des établissements publics ou d'utilité publique, mais
n'ont ni la nature, ni le but, ni les effets d'une société.
Et il importe peu que la société constitue ou non un être
moral, car cela n'est point nécessaire en fait à l'œuvre
qui est le but de toute société, c'est-à-dire à la réalisation
de bénéfices à partager. Dès que, par la volonté des parties, de choses sont apportées dans un centre commun
pour composer un fonds dont l'exploitation profitera à

tous, il y a contrat de société ; il n'en faut pas davantage
pour motiver la taxe ; il importerait même peu que la
société fut irrégulièrement constituée : *nemo auditur
turpidinem suam allegans.*

Au reste, ce n'est pas la société qui supporte l'impôt ;
elle en fait simplement l'avance (article 3) et cela est de
toute justice, car, ce que la loi de 1872 vise, c'est l'actionnaire, le sociétaire, l'associé sur certains revenus spé-
cifiés en particulier, ceux qui constituent les gains de la
société et dont la répartition justifie la perception de
l'impôt. Ce qui nous montrera que le fait générateur est
la distribution du revenu, c'est qu'il a fallu des lois spéciales, pour soumettre à la taxe « le revenu des sociétés
dans lesquelles les revenus ne doivent pas être distribués. »
Le revenu imposable se confond en principe avec le
revenu distribué, que la distribution ait lieu directement
ou indirectement.

Nous en avons assez dit sur les principes de la loi de
1872 pour résoudre la question capitale de savoir si les
congrégations religieuses étaient atteintes par elle.

Si le fait générateur de l'impôt est la distribution d'un
revenu, n'allons-nous pas aboutir à des conséquences
peu satisfaisantes. Dans les sociétés ordinaires, dans les
vraies sociétés, les bénéfices réalisés donneront lieu tôt
ou tard à la perception de la taxe ; l'esprit de lucre qui
anime les associés les empêchera d'adopter une combinaison qui ne permettrait pas l'augmentation de leur patrimoine, au moyen des bénéfices sociaux, et ils se gar-
deront bien d'insérer dans les statuts une clause prohi-
bitant, d'une manière absolue, la distribution des
bénéfices. Dans les congrégations et associations religieuses au contraire, les bénéfices ne donneront pas lieu à la
perception de l'impôt, car ils ne seront ni distribuables
ni distribués ; il ne s'agit pas pour leurs membres d'aug-

menter leurs fortunes personnelles, mais seulement, d'accroître le capital social, la clause de non-distribution des bénéfices est pour ainsi dire caractéristique des sociétés qui voilent des congrégations religieuses.

L'administration a pourtant essayé de les soumettre à l'application de la loi de 1872. Elle provoqua des procès multiples dont la majorité furent contraires à ses prétentions (1). Cependant il semble bien qu'une tendance se soit insensiblement marquée, vers l'assujettissement des congrégations ; c'est ce que M. Testoud remarquait avec raison dans la *Revue critique* (1881, page 295) : la jurisprudence avait posé ce principe que les revenus n'étaient passibles de la taxe que lorsqu'ils avaient été distribués directement ou indirectement aux actionnaires ; la périodicité des distributions n'était pas exigée, mais le fait même des distributions était indispensable ; il était certain que les sociétés ordinaires ne pourraient pas échapper à l'impôt en s'appuyant sur cette théorie et il y avait

_____

(1) Le principal des jugements qui prononcèrent contre la Régie est celui du Tribunal de Le Blanc, cité maintes fois dans les travaux préparatoires de la loi du 28 déc. 1880. Il est connu sous le nom : affaire société universelle agricole des trappistes Fontgombault. Il décida :

1° Que, si généraux soient les termes de la loi de 1872, l'article 1, ne vise que les revenus des valeurs mobilières dans les sociétés, compagnies financières, industrielles, commerciales ; le revenu des valeurs immobilières échappe à son application ;

2° Que spécialement, la société universelle de tous biens constituée entre des religieux pour la culture et l'exploitation des terres formant le capital social, qui ne fait aucune spéculation et n'a d'autre source de produits et de revenus annuels que le travail personnel des sociétaires, ne donne pas lieu à la perception de la taxe.

Ce jugement est du 2 mars 1875 (D. 75, 5, 473).

Voir, dans le même sens Dreux, 31 août 1875, et Paris, 6 juillet 1877. (D. 77, 5, 454). Comparer Seine, 27 juillet 1874, aff. Sœurs zélatrices de la sainte Eucharistie (D. 74, 5, 530, n° 10 et la note), et Cassat. 7 juin 1880 (D. 80, 1, 466).

possibilité d'appliquer la loi aux congrégations en considérant comme *augmentations d'intérêts* les augmentations du fonds social : « On ne saurait admettre, disait
un jugement du tribunal d'Alger du 4 février 1880, que
l'accumulation ou la mise en réserve des bénéfices soient
un obstacle à la perception de la taxe ; en décidant autrement, on arriverait à former des combinaisons qui permettraient d'échapper à l'impôt. » Mais, quelles que fussent les tendances de la jurisprudence, il était douteux
que l'impôt dût atteindre les congrégations religieuses.

Celles qui sont reconnues constituent des établissements
d'utilité publique, des personnes civiles sur les biens desquels les religieux sont sans aucun droit personnel ; les
revenus ne peuvent être distribués, ils doivent être consacrés à assurer le but de l'œuvre qui a motivé la reconnaissance d'utilité publique.

Celles qui ne sont pas reconnues et qui peuvent constituer des communautés de fait, n'ont assurément pas
pour but l'enrichissement des religieux pris individuellement ; il n'y aura pas de bénéfices distribués.

Les premières, du reste, ne sont pas désignées par la loi
de 1872, et l'on peut douter que les secondes soient des
sociétés proprement dites ; qu'il y eût dans la constitution
des unes et des autres motif à une perception d'impôt,
nous le croyons volontiers ; mais nous doutons que ce
motif fût dans la loi de 1872 ; on ne pouvait raisonnablement assimiler à des bénéfices, la nourriture donnée par
la congrégation aux religieux ni même la rémunération
de leur travail, de même que dans une société anonyme
la rémunération du directeur, par exemple, qui n'est qu'un
salaire. Ce sont là de simples dépenses de frais généraux.

Il fallait donc un texte spécial pour astreindre les congrégations religieuses au payement de la taxe sur le
revenu des valeurs mobilières. Et c'est ce qu'avait fort

7

bien compris M. Brisson, dont l'amendement au budget
de 1881 (1), était ainsi conçu :

« La loi du 29 juin 1872 et le décret du 6 décembre
suivant sont applicables à toutes les congrégations, corporations ou communautés sans exception, quels que
soient leur dénomination, leur forme et leur objet. Le
revenu passible de la taxe est fixé à 5 pour cent du capital
commun, évalué selon les lois de l'enregistrement, sans
distraction des immeubles qui y sont compris. »

L'honorable député fut suivi par la Chambre qui, le 9
décembre 1880, repoussa par 343 voix contre 125, la demande de renvoi de la proposition à la commission des
associations, demande présentée par M. Freppel. Le
principe de la loi était sûr de triompher; et M. Brisson
s'efforça de faire triompher un texte précis, le sien, en
même temps qu'il montrait avec habileté et netteté les
abus contre lesquels on voulait réagir (2). La Chambre,

(1) Cet amendement fut présenté le 18 mars 1880.
(2) Voir *Journal Officiel*, décembre 1880, page 12.159.
Le *Journal des Débats* écrivait, le 17 décembre 1880, ces lignes :
« L'union républicaine a décidé de faire imprimer le mémorable
discours de M. Brisson sur l'état des congrégations au point de vue
fiscal. Nous ne saurions trop féliciter les auteurs de cette proposition
éminemment utile. Les Congrégations devant l'impôt, telle est bien
la question du jour...
Ce n'est point notre faute, ce n'est point la faute des républicains si
la coupable mollesse ou la complicité plus coupable encore de l'empire
et de la république sans républicains ont laissé s'accumuler abus sur
abus. Nous avons à refaire aujourd'hui l'œuvre de 30 années, grande
période dans la vie d'un peuple en un temps où le progrès marche d'un
pas si rapide. Les nations qui se sont attardées ou qui ont rétrogradé
vers le passé ont beaucoup à faire, à raison même de ce qu'on pourrait appeler la vitesse de la civilisation, pour regagner ensuite le temps
perdu. Quand l'inaction ou le mouvement de recul, ce qui est pis, a
duré plus d'un quart de siècle, c'est une grande affaire de se remettre
au pas des nations qui ont marché pendant le même laps de temps avec
le siècle, au lieu de lui tourner le dos. Les réparations les plus légitimes
ressemblent pour les observateurs vulgaires, ignorants ou prévenus

d'accord avec le gouvernement et la commission du budget, vota l'amendement Brisson.

Sur le rapport de M. Roger-Marvaise, le Sénat bouleversa entièrement le projet, tel qu'il avait été voté par la Chambre. Son texte ne lui parut pas assez général pour atteindre complètement le but auquel on le destinait. Il craignit d'une part qu'il fût inapplicable aux sociétés civiles qui se constituent souvent à côté des congrégations religieuses soit entre quelques-uns de leurs membres, soit entre des tiers étrangers à l'association pour coopérer par d'autres moyens à la même œuvre. D'autre part, il voulut, pour respecter le principe de l'égalité que les mesures nouvelles pussent être étendues non seulement aux sociétés religieuses proprement dites, mais à toutes les sociétés non religieuses qui seraient placées dans des conditions identiques. M. Roger-Marvaise présenta à ce propos une argumentation quelque peu contestable qui se résume en 2 propositions : 1° l'impôt dont il s'agit est un impôt indirect ; 2° il n'est pas du caractère de ces impôts de frapper une personne déterminée, mais seulement d'atteindre certains faits prévus par les lois. De tout cela, sortit un texte mal rédigé, l'article 3 de la loi de finances

---

à de l'oppression et à de la tyrannie. Le rappel à la loi paraît un coup d'audace ; la loi, ce revenant inattendu, trouble les consciences incertaines : on ne la reconnaît plus ; pour beaucoup de gens qui ont oublié le Code et l'histoire, c'est elle qui est l'arbitraire.

Dans le numéro du 20 décembre, M. John Lemoinne insistait :

« Il importe, écrivait-il, que toutes les mesures prises à l'égard des congrégations aient pour caractère et pour principe l'égalité devant la loi. Il ne s'agit pas d'exclure les congrégations de la loi commune, mais de les y faire rentrer. »

(1) Chambre des Députés. 20 décembre 1884. *Journal Officiel* du 21, page 2992, col. 3.

(2) Nous verrons plus loin les modifications apportées par la loi de 1884 quant au mode de détermination du revenu, tel qu'il avait été réglé en 1880.

du 28 décembre 1880 : « L'impôt établi par la loi du
29 juin 1872 sur les produits et bénéfices annuels des actions, parts d'intérêt et commandites, sera payé par toutes les sociétés dans lesquelles les produits ne doivent pas
être distribués en tout ou en partie entre leurs membres.
Les mêmes dispositions s'appliquent aux associations
reconnues et aux sociétés ou associations même de fait
existant entre tous ou quelques-uns des membres des
associations reconnues ou non reconnues » (§ 1er).

Qu'arriva-t-il? C'est que, lorsque l'Etat voulut, en vertu
de la nouvelle loi, percevoir l'impôt, lorsqu'il demanda
aux congrégations religieuses le payement de l'impôt de
3 pour 100 sur le revenu des sociétés, les congrégations
répondirent : Nous ne sommes pas des sociétés dont les
produits ne doivent pas être distribués ; et elles présen-
taient une délibération du conseil de leur ordre, aux termes de laquelle les produits de leur société pourraient
être distribués.

L'administration répliquait : si, vous êtes une société
dont les produits peuvent être distribués, vous tombez
sous le coup de la loi de 1872, et vous allez payer l'impôt de 3 pour 100 sur votre revenu.

Et M. Jules Roche, rapporteur général du budget, met-
tait dans la bouche des représentants des congrégations,
cette réponse (1) :

« Du tout, nous sommes bien une société dont les produits peuvent être distribués ; par conséquent, nous échap-
pons à la rédaction adoptée par le Sénat. D'autre part, la
loi de 1872 exige une distribution effective et effectuée des
revenus ; or, il est vrai que nous sommes autorisés à distribuer des revenus, mais aucune distribution n'a été effectuée ; nous n'avons donc rien à payer ».

Sans insister sur les discussions qui suivirent, disons
que l'on aboutit à l'article 9 de la loi du 29 décembre 1884 (2), dont le § 1er est ainsi conçu :

« Les impôts établis par les articles 3 et 4 de la loi de finances du 28 décembre 1880, seront payés par toutes les congrégations, communautés et associations religieuses, autorisées ou non autorisées, et par toutes les sociétés ou associations désignées dans cette loi, dont l'objet n'est pas de distribuer leurs produits en tout ou en partie entre leurs membres. »

Voilà les motifs et les antécédents de nos lois des 28 décembre 1880 et 29 décembre 1884. Pénétrant dans le détail des impôts qu'elles ont créés, nous étudierons successivement :

1° Les sociétés et associations qui sont assujetties à la taxe ;

2° La détermination des valeurs imposables ;

3° Les règles générales du payement de la taxe.

I. -- Il résulte de la combinaison de l'article 3, loi de 1880, et de l'article 9, loi de 1884, que l'impôt sur le revenu est établi : 1° sur les congrégations, communautés et associations religieuses ; 2° sur les sociétés et associations dont l'objet n'est pas de distribuer leurs produits en tout ou en partie entre leurs membres.

1. — L'impôt de la loi de 1880 ne pouvait atteindre toutes les congrégations indistinctement, leurs statuts pouvaient présenter des obstacles insurmontables à la perception de l'impôt. Aussi la loi de 1884 a-t-elle employé pour les atteindre à coup sûr la triple expression de « congrégations, communautés, associations religieuses. » Il y a entre ces mots confondus dans le langage courant des distinctions à présenter, qui sont ici nécessaires (1).

_____

(1) Voir *Dictionnaire des droits d'enregistrement*, tome VI, par Al. PRUDOT, nos 1301 et suivants. BESSON, page 360.
BURETEL DE CHASSEY, page 118.

Une communauté, d'après l'administration, est une corporation religieuse de membres se proposant le même but et vivant sous l'empire de la même règle ; — la congrégation se compose de communautés, vivant dans la même règle, sous une direction unique et se proposant le même but. C'est ce qui est fort bien exprimé dans ces termes, de Dalloz (Répert. au mot culte) : « La congrégation est un faisceau de communautés réunies sous un supérieur général, comme la communauté est un faisceau d'individus soumis à la direction d'un supérieur particulier. »

La question de savoir si une réunion de personnes constitue ou non une corporation religieuse ne saurait se présenter en ce qui concerne les congrégations ou associations autorisées, car il est bien évident que la reconnaissance légale, qui confère à ces collectivités la capacité juridique, fixe en même temps leur caractère. La situation est autre pour les congrégations non autorisées ; pour elles, il n'y a aucune loi, aucun décret, aucun acte qui les désigne ; et il est pourtant nécessaire de les connaître exactement. On décide généralement qu'il faut s'en rapporter aux signes extérieurs : les membres portent un même habit, vivent en commun, sont soumis à un même supérieur hiérarchique : il y a là une question de fait. La loi de 1884 ne tient pas compte de la forme juridique qu'elles adoptent, elles sont imposées à raison de leur caractère religieux et non de celui de société à capital fixe, variable, etc. Le but n'importe pas davantage ; les unes sont des œuvres charitables ; les autres, des œuvres profanes ; il y en a qui instruisent, qui tiennent des orphelinats, et qui greffent parfois sur l'œuvre essentielle des établissements commerciaux accessoires ; c'est ainsi que les sœurs de Saint Vincent de Paul ont 60 ou 80 établissements où l'on fabrique des fleurs, des gants, et d'autres objets encore (1).

(1) Voir deux arrêts : Agen, 11 mars 1840, Nimes 22 novembre 1839.

On comprend dès lors les difficultés qu'il y eut eu à distinguer entre les congrégations suivant la mission à laquelle elles se sont consacrées, et l'on s'explique le rejet d'un amendement en ce sens, déposé par M. Clément, et que le commissaire du gouvernement, M. Boulanger, combattait en ces termes :

« Si la disposition présentée par M. Clément, et qui lui a été inspirée par un sentiment élevé auquel je rends hommage, était insérée dans la loi, elle créerait des difficultés d'application considérables, et je vous demande la permission de vous en montrer quelque-unes que j'ai relevées tout à l'heure en prenant des notes sur l'amendement. Il y a des communautés qui s'occupent à la fois de l'éducation et des secours aux malades. Dans ce cas, nous dit-on, on fera une ventilation. Une telle ventilation qui s'appliquerait au forfait du capital pour rechercher si telle valeur mobilière ou immobilière est appliquée plutôt à l'instruction qu'au soin des malades, donnerait assurément lieu à de très grandes difficultés. Le service ne serait pas en état d'établir une ventilation pareille » et il ajoutait : « Certaines communautés soignent des malades qui ne sont pas indigents. Vous parlez d'une manière générale d'établissements consacrés aux malades ; mais que ferons-nous s'ils reçoivent aussi des malades qui ne sont pas indigents et qui payent des pensions ? Vous indiquez ensuite les établissements consacrés aux enfants indigents. Qu'est-ce que cela veut dire, les enfants indigents ? Ainsi, les sœurs Saint-Vincent-de-Paul reçoivent des enfants indigents, mais elles les employent à des travaux industriels productifs » et il citait à ce propos ce passage du rapport de M. Henri Brisson : « D'après les documents officiels et contradictoires établis par la préfecture de po-

---

et surtout un arrêt de cassation avec les observations très intéressantes du conseiller rapporteur Mesnard, 26 février 1849. D. 49, 1, 44.

lice et par le ministère du commerce, en exécution de la
loi sur le travail des enfants dans les manufactures, les
sœurs de Saint-Vincent-de-Paul possèdent, dans la Seine
seulement, 65 établissements de lingerie, de confection, de
ganterie, de fleurs, etc... Elles cèdent ces objets aux grands
magasins de nouveautés et à des conditions qui rendent
bien difficile la situation des autres ouvrières. Elles em-
ploient 3.700 jeunes filles. » Il y eut dans une disposition
de ce genre un germe de mort pour la loi qui nous occupe ;
on ne distinguera donc pas entre les congrégations.

Mais, à côté des congrégations et des communautés,
notre loi parle aussi des associations religieuses. Que faut-
il entendre par là ? Il résulte des débats préparatoires que
le législateur n'a pas entendu donner au mot association
le sens strict et déterminé dont nous avons parlé plus
haut ; il a cherché à atteindre les congrégations (au sens
vulgaire du mot),et il a désigné sous le nom d'association
tout masque juridique qui cacherait une communauté
religieuse. De là résulte qu'on peut appliquer à une société proprement dite (c'est à dire à une société définie par
l'article 1832 code civil) la dénomination d'association si
on la considère au point de vue de l'impôt du 4 0/0.

Devons-nous, dès lors, dire que si plusieurs personnes
se réunissent pour se concerter et agir dans un but commun religieux, nous sommes en présence d'une association religieuse ? qu'il importe peu que celle-ci soit dirigée
par toutes ou quelques-unes des règles ecclésiastiques
applicables aux congrégations religieuses ? La jurisprudence, s'inspirant de l'esprit de la loi, nous répond, suivant en cela les instructions mêmes de l'administration,
qu'en ce qui concerne l'impôt sur le revenu « les associations religieuses sont celles où l'on rencontre à la fois la
destination pieuse, la règle spirituelle et le lien religieux
qui sont de l'essence de toute congrégation, communauté
ou association religieuse » c'est là ce qui résulte d'une

instruction du 3 juin 1885 et d'un jugement du tribunal
de la Seine du 3 mai 1889. Nous verrons que la notion,
donnée par ces actes, de l'association religieuse n'a pas
été approuvée par un arrêt récent de cassation, rendu à
propos du droit d'accroissement, sur les conclusions de
M. l'avocat général Cruppi (1). Toutes les incertitudes
tiennent au peu de précision du langage juridique en ces
matières ; la loi a voulu tout prévoir pour tout atteindre ;
elle a employé les expressions les plus larges pour que
l'habileté juridique n'eût pas désormais des effets analogues à ceux qui suivirent la promulgation de la loi de 1880 :
de là le mot générique d'*association* complétant et englobant ceux de *congrégation* et *communauté* qui sont donnés par le même texte.

Une question accessoire se pose : au sein d'une congrégation ou d'une communauté, plusieurs membres peuvent former une association ; tombe-t-elle sous le coup de
la loi du 29 décembre 1884, de plein droit ? Non, répondent la pratique et la doctrine ; ce que cette loi frappe, ce
n'est pas une association quelconque fondée entre des
religieux, mais ce qui est différent, toute association religieuse ; en sorte qu'il est indispensable, d'après la jurisprudence, de considérer non seulement la qualité des personnes associées, mais encore la destination de l'association ; les congréganistes individuellement ont les droits de
tous les citoyens et peuvent constituer entre eux des associations ou des sociétés ayant un but temporel et étranger à la congrégation dont ils sont.

Notre loi atteint donc les associations, les congrégations et communautés religieuses, ajoutons qu'il importe
peu que leur existence soit *juridique* ou *de fait* ; la loi de
1880 parlait des « associations reconnues et des sociétés

(1) Voir au Sirey la note de M. Albert WAHL, sous Cassat. 95, 1,
145 et les renvois ; jugement tribunal de la Seine, S. 92, 2, 28.

ou associations même de fait existant entre tous ou quelques-uns... » La loi de 1884 répète que l'impôt doit être payé « par toutes les congrégations, communautés et associations religieuses, autorisées ou non autorisées ». L'existence de fait est donc suffisante ; l'administration usera à cet effet de tous les moyens de preuve qui sont en sa puissance : et l'on ne saurait lui opposer le caractère illicite de communautés dissoutes par les décrets de 1880 ; elles sont illicites, mais elles sont. (1) »

2. — La loi de 1884, à côté des congrégations, communautés et associations religieuses atteint « les sociétés ou associations désignées dans la loi de 1880, dont l'objet n'est pas de distribuer leurs produits en tout ou en partie entre leurs membres ».

On a prétendu qu'il était inutile en 1884 de viser des sociétés déjà atteintes par la loi du 28 décembre 1880. La critique n'est qu'incomplètement justifiée, la loi la plus récente avait intérêt à le rappeler, parce qu'elle indique ainsi que les dispositions nouvelles édictées sur le mode de détermination du revenu seront applicables à celles-ci comme à celles-là et que, pour les unes comme pour les autres, l'administration de l'enregistrement aura ce que l'on appelle : « le droit de communication ». Quelles sont donc les conditions que tout groupement doit présenter pour qu'il tombe sous l'article 9 de la loi de 1884 ? Il y en a deux :

α) Il doit avoir le caractère prédominant de société ;

ϐ) Il faut en outre que ses statuts prohibent d'une manière absolue la distribution totale ou partielle des produits réalisés.

α) Le but poursuivi par les lois de 1880 et 1884 avait

(1) Voir *l'instruction*, n. 2712, du 3 juin 1885, D. 86, 5, 448.

été, si nous en croyons les documents officiels (1), d'appliquer les principes directeurs de la loi du 29 juin 1872, à toutes les sociétés ou associations, d'une manière absolue, quels que fussent leur caractère ou leur nature. Cette loi de 1872 avait été appliquée par l'administration aux congrégations comme aux autres associations ; mais les tribunaux ne l'avaient pas suivie et généralement ils refusaient de l'appliquer, lorsqu'il était inséré dans les statuts de l'association qu'il ne serait pas procédé à une distribution de bénéfices sociaux : toutes les congrégations et associations avaient aussitôt inséré ladite clause dans leurs statuts, le législateur vit dans ces procédés un moyen d'éluder les lois et, considérant que la non-distribution de bénéfices n'est pas l'absence de bénéfices, et qu'il était dans l'esprit de la loi de 1872, de frapper les produits ou bénéfices quels qu'ils fussent, il édicta les lois de 1880 et de 1884.

Il y avait là sans doute une erreur ; les lois de 1880 et 1884 n'avaient pas à assurer l'exacte application de la loi de 1872, soi disant mal interprétée par les tribunaux ; cette loi n'était pas applicable dans les hypothèses que l'on avait surtout en vue ; son but n'avait pas été d'atteindre les produits des sociétés : elle frappait exclusivement le produit des parts d'intérêt et des actions, c'est-à-dire le bénéfice personnel des associés, les associations qui ne comportaient ni parts d'intérêt ni actions étaient en dehors de son principe même ; la loi de 1880 innova.

Elle a une portée plus générale et plus absolue, par cela seul qu'elle s'étend aux congrégations autorisées, elle embrasse aussi une catégorie de collectivités qui échappaient à l'impôt parceque l'on ne pouvait concevoir comme les ayant visées la loi de 1872.

(1) Amendement Brisson. Rapport Roger Marvaise. Exposé des motifs du budget de 1895, projet Burdeau.

Quoiqu'il en soit, si les valeurs frappées ne sont plus celles de la loi de 1872, les sociétés atteintes sont pour la plupart, celles de la loi de 1872. On l'a répété maintes fois dans les discussions. Des craintes s'étaient fait jour : les sociétés de secours mutuels, les sociétés scientifiques ou littéraires allaient-elles être atteintes ? Et à plusieurs reprises les orateurs les plus accrédités vinrent affirmer que non. En 1880, c'est M. Wilson, sous-secrétaire d'Etat aux finances ; en 1884, c'est M. Labuze, qui occupe le même poste et qui viennent déclarer au Parlement que « la loi est uniquement faite pour les associations renfermant une clause prohibitoire de ne jamais distribuer les bénéfices entre leurs membres et que les sociétés dont on se préoccupe très justement ne renferment pas une stipulation semblable, qui est contraire à leur essence, à leur but et à toute leur organisation » Et le sous-secrétaire d'Etat de 1880 affirmait que ces sociétés restant sous l'empire de la loi de 1872 ne sont pas atteintes parce que les indemnités, ou les secours versés aux adhérents sont le produit d'une sorte de contrat aléatoire, et n'ont nullement le caractère de bénéfices (1). D'une façon générale on peut dire que nos lois n'atteignent pas les établissements de bienfaisance, dans lesquels les associés n'ont en vue aucun avantage, et ou la spéculation n'est ni un but ni un moyen, toute l'activité sociale étant appliquée à l'accomplissement de l'œuvre philantropique formant l'unique objet de l'entreprise (2).

Nous dirons donc que les sociétés de la loi de 1880 et de celle de 1884, au point de vue de l'impôt sur le re-

---

(1) Voir sur ce point D. 83, 5, 458, *instruction* 2631 ; — *Journal Officiel*, 28 déc. 1884, p. 2020, col. 3, *Journal Officiel*, 29 décembre 1880, p. 12,085.

(2) Voir deux décisions, rapportées au *Dictionnaire des droits d'enregistrement*, pages 326 et 327.

venu, (1) sont celles qui sont désignées par certains auteurs sous le nom d'associations à but lucratif, de droit
ou de fait ; dont les produits seraient partagés entre les
associés, si par suite de la nature ou des statuts de la collectivité, ils n'étaient réservés à l'association elle-même pour
son profit direct, ou pour des avantages indirects et non
pécuniaires aux associés eux-mêmes. Ce qui importe, ce
ne sont pas les bénéfices distribués, c'est la *qualité dominante de société*, d'entreprise financière, industrielle, commerciale ou civile (pour employer les termes des lois de
1850 et 1857) (2).

6) Pour les sociétés ou associations autres que les congrégations, communautés et associations religieuses, il
est nécessaire pour l'application de l'impôt de la loi de
1884, que les produits sociaux, ne doivent pas être distribués en tout ou en partie, entre les membres de la société. Encore faut-il que la non-distribution des bénéfices
soit obligatoire, c'est-à-dire que les statuts ou la nature
même de la société excluent positivement toute éven-
tualité de répartition, à l'égard soit de la totalité, soit
d'une partie des produits. C'est là une observation nécessaire si l'on veut distinguer les sociétés frappées par les
lois de 1880 et de 1884 de celles qui sont atteintes par la
loi de 1872. et nous verrons qu'il y a là un grand intérêt
surtout au point de vue de la détermination des revenus
imposables.

II. — Nous avons vu que l'art. 2 de la loi du 29 juin
1872 déterminait le revenu.

_____

(1) Ces observations ne s'appliquent qu'à l'impôt sur le revenu ;
nous verrons à propos du droit d'accroissement que les sociétés visées par le § 1er *in fine* de l'art. 9 de la loi de 1884, astreintes au 1er
des deux impôts peuvent ne pas l'être au second.

(2) Sous réserve de l'application aux sociétés en nom collectif et
aux sociétés coopératives de la loi du 1er décembre 1875.

1° Pour les actions, par le dividende fixé d'après les délibérations des assemblées générales d'actionnaires ou des conseils d'administration ; les comptes-rendus ou tous autres documents analogues ;

2° Pour les obligations ou emprunts, par l'intérêt ou le revenu distribué dans l'année.

3° Pour les parts d'intérêt et commandites, soit par les délibérations des conseils d'administration des intéressés, soit à défaut de délibération, par l'évaluation à raison de 5 p. 0/0 du montant du capital social ou de la commandite, ou du prix moyen des cessions de parts d'intérêt consenties pendant l'année précédente.

L'une des grandes préoccupations du législateur de 1880 avait été d'assurer aux sociétés et associations soumises à la taxe le moyen de faire connaître le montant réel de leurs produits, pour leur permettre d'échapper au forfait. Le revenu, porte l'article 3 de la loi de 1880, est déterminé :

1° Pour les actions, d'après les délibérations des actionnaires, et conformément à l'art. 2 § 1 de la loi de 1872 ;

2° Pour les autres valeurs, soit par les *délibérations* des conseils d'administration prévues dans le § 3 du même article, soit par la *déclaration* des représentants des sociétés et associations, appuyée de toutes les justifications nécessaires, soit, à défaut de délibérations et de déclarations, à raison de 5 p. 0/0 de l'évaluation détaillée des meubles et des immeubles composant le capital social.

De ces trois modes, la déclaration était toujours choisie, favorisant les dissimulations.

De là, l'article 9 de la loi de 1884 :

« Le revenu est déterminé à raison de 5 p. 0/0 de la valeur brute des biens meubles et immeubles possédés ou occupés par les sociétés, à moins qu'un revenu supérieur ne soit constaté. »

On n'admet plus désormais qu'une base pour la détermination du revenu, on en supprime deux. On avait voulu rendre la loi productive par son efficacité, et éviter les déconvenues qui avaient accompagné l'application de la loi de 1880. On ne veut plus du système des délibérations en vue de la distribution des produits, car on considère que les congrégations ne peuvent en distribuer ; on ne veut pas du système des déclarations appuyées de pièces justificatives, car il n'y a pas ici comme pour les sociétés commerciales des nécessités de comptabilité, qui sont une garantie de sincérité. On adopte le régime du forfait non pour les soumettre à un régime d'exception, mais pour les astreindre au droit commun des sociétés. C'est là un procédé qui a donné lieu à de nombreuses critiques, que M. Batbie produisit à la tribune du Sénat (1). Selon lui on arrive à un triple résultat :

1° On attribue aux congrégations un revenu réel, ce qui fait porter une partie de l'impôt sur le capital :

2° On ne tient pas compte de leurs charges pour diminuer l'impôt ; au contraire, ces charges sont considérées comme une source de revenus : « Il existe une loi fort attaquée, disait le savant professeur, aux termes de laquelle les droits payés sur une succession sont perçus sans distraction des charges. Vous allez faire mieux. Il ne faudra pas seulement ne pas distraire les charges ; il faudra ajouter les charges au revenu » (voir Officiel, page 2010).

3° La situation faite aux congrégations est déplorable : elles ne peuvent établir que leur revenu est inférieur à 5 pour 0/0 ; on peut établir contre elles qu'il est plus élevé ; on arrive ainsi à combiner la recherche inquisitoriale dans les livres avec la présomption légale.

Ajoutons que désormais, afin d'assurer à la loi la plus grande productivité, et d'éviter les fraudes, on tient

_____

(1) Voir Sénat, 27 décembre 1884, page 2010 et page 2015.

compte des meubles et des immeubles possédés ou occupés.

Telles sont les observations générales dont nous allons trouver le complément dans l'examen de trois questions.

1° Quel est le sens et la portée de ces expressions : *biens possédés* et *biens occupés?*

2° Comment est déterminée leur valeur imposable?

3° Quels sont les effets de la variation du revenu obtenu, en deçà ou au delà de 5 0/0 ?

Dans une instruction du 3 juin 1885, l'administration avait défini les biens possédés et les biens occupés. Elle disait :

« Les biens possédés sont ceux dont la propriété ou l'un de ses démembrements appartient personnellement à l'association. Ils embrassent tous les biens sur lesquels les sociétés ont un droit de propriété, d'usufruit, d'usage, d'habitation ou même d'emphytéose. » « Les biens occupés par la congrégation, dans le sens juridique du mot, sont ceux sur lesquels elle exerce un droit de jouissance personnelle, soit par elle-même, soit par les membres qui la composent ou par les sociétés civiles formées entre eux. La seule condition requise pour l'application de l'article 9 de la loi, c'est que la congrégation exerce sur la chose un droit de détention personnelle lui conférant la faculté de s'en approprier les utilités juridiques (1). »

Ces définitions nous paraîtront fort nettes, lorsqu'elles auront été éclairées par l'examen de quelques questions de détail.

Si l'on examine la définition du bien possédé, on s'aperçoit qu'elle équivaut à celle-ci : *est possédé tout bien sur lequel la personne imposée a un droit réel.* Peu im-

_____

(1) *Instruction*, n° 2712.

porte ce droit ; ce peut être la propriété, l'usufruit, l'usage, l'emphytéose. Il en serait de même si nous disions est *possédé* tout bien sur lequel la société a un droit de *possession civile* ; le fait, c'est-à-dire l'occupation ne suffit pas ; il faut encore l'intention, l'animus à côté du corpus. S'il ne s'agissait que d'une possession naturelle, ou détention, il n'y aurait là qu'un fait, non un droit ; les fermiers, séquestres, etc... ne possèdent pas ; ils *occupent*. (art. 2228, 2232, 2236 C. civil).

Les congrégations autorisées *posséderont* des immeubles, toutes les fois qu'il existera un titre écrit, constatant l'opération juridique, acquisition, donation ou legs, qui a fait passer le bien dans leurs mains ; quant aux meubles, une distinction est nécessaire ; corporels, ils seront toujours rangés parmi les biens possédés, en vertu de la maxime « en fait de meubles possession vaut titre » ; incorporels, tels que créances et valeurs, ils ne seront rangés dans la même catégorie, que s'ils sont mis au nom de la congrégation.

Les congrégations non autorisées, n'ayant pas de personnalité morale ne peuvent posséder ; cependant, au point de vue fiscal, on les considère comme possédant effectivement, de même que les congrégations autorisées.

Cette notion du bien possédé n'est d'ailleurs pas contestée ; la controverse, au contraire, s'agite, lorsqu'il s'agit de biens occupés, et mainte fois, la jurisprudence a dû statuer.

Lorsque l'on est en présence de biens dont la jouissance appartient gratuitement et sans réserve aux congrégations, tous les auteurs sont unanimes à déclarer que ce sont là des *biens occupés* ; il en est autrement s'il s'agit de biens pris à bail par les congrégations ; quoique la question ait été définitivement tranchée par un arrêt de la Cour de Cassation du 27 décembre 1893 (1), déclarant que la taxe

(1) Voir arrêt du 27 décembre 1893, au Dalloz 1894, 1, 297, au Si-

sur le revenu est due pour tous les immeubles que les associations visées détiennent à titre de location ou à tout autre titre », nous devons exposer les arguments des deux partie en présence.

Les uns favorables aux congrégations, combinent les lois de 1880 et de 1884, et essayent d'établir que la deuxième de ces lois n'ayant pas voulu modifier la nature de l'impôt ne porte comme la première que sur le capital social ; elle n'a pu vouloir prendre pour base de la taxe les immeubles loués, car ces immeubles ne font pas partie du capital social. Ils ajoutent, à l'appui, les paroles du rapporteur de la loi de 1884, au Sénat, M. Dauphin : « On entend par locaux occupés des locaux dont les congrégations ne sont pas propriétaires, mais dont, pour échapper au fisc, ou à des mesures de police, elles ont fait passer fictivement la propriété sur la tête d'un tiers... les locaux occupés ne sont pas des locaux que les congrégations ont pris à bail (1) ».

Les autres, favorables aux prétentions du fisc, répondent tout d'abord par une fin de non recevoir absolue : le texte est formel ; il dit *biens occupés* ; or, qu'est-ce que l'occupation ? Le dictionnaire de l'académie (7e édition) répond : l'occupation, en termes de droit, signifie l'habitation ; d'autre part, le Code civil désigne sous le même vocable, la jouissance du locataire (1759, 1734), et des lois de finances sont non moins formelles ; c'est ainsi, par exemple, que l'article 9 de la loi du 25 avril 1844, sur les patentes, s'exprime en ces termes :

« Le droit proportionnel est assis sur la valeur loca-

rey 1891. 1, 513, et les notes. Voir également *Gazette des tribunaux*, 31 décembre 1893 ; Pandectes françaises, au mot Congrégations religieuses, nos 892 et s..., page 314. France judiciaire 1894, 2, 130. *Journal des Fabriques*, 1894, page 124, et surtout *Revue critique*, 1891, p. 193, article de M. Binet.

(1) *Journal officiel*, décembre 1884, page 2014.

tive, tant de la maison d'habitation que des magasins, boutiques... » Il est dû lors même que le logement et les locaux « occupés » ont été concédés à titre gratuit.

C'est en vain, ajoutent-ils, que l'on prétendrait ne pas faire entrer en ligne de compte les immeubles loués comme ne faisant point partie du capital social ; le paragraphe final de la loi maintient expressément toutes les dispositions du texte de 1880, non contraires à celles de la loi de 1884 ; or, le « capital social », comme base du revenu, est absolument contraire à « la valeur brute » des immeubles possédés ou occupés.

Quant à l'argument tiré des travaux préparatoires, il ne prouve rien ; on aurait donné dans les débats au Parlement une définition nette, probante, exclusive des prétentions de la Régie, et qui prouverait pertinemment qu'il était dans l'intention du législateur d'exclure les immeubles loués à titre onéreux. Cela ne peut être admis. Les travaux préparatoires ne peuvent servir utilement, pour l'interprétation des lois, qu'autant qu'ils sont considérés dans leur ensemble, et ce n'est pas à telle ou telle parole d'un auteur qu'il faut s'attacher pour dire « telle est la loi ». Comment cela serait-il possible, puisque le vote même d'une seule chambre ne saurait, à défaut d'accord avec l'autre, servir de règle sûre !

A la Chambre, un adversaire de la loi, M. de Mackau, le 21 décembre 1884, dit : « Etes-vous en présence d'un locataire ; si c'est un laïque, il payera l'impôt mobilier et personnel et quelquefois l'impôt des portes et fenêtres. Si c'est un religieux, il payera, en outre, l'impôt de 3 0/0 sur la valeur de l'immeuble qu'il occupe, calculée à 5 pour 100 » — Il n'y a donc aucun doute dans son esprit. Le commissaire du gouvernement, M. Boulanger lui répond : «... Permettez-moi de vous citer un seul exemple. Les chartreux ne possèdent pas d'immeubles. Ils occupent simplement à titre précaire des biens qui ont une valeur peut-être de

1.800.000 à 2.000.000. C'est avec la jouissance temporaire de ces immeubles qu'ils exercent leur industrie et
qu'ils peuvent réaliser les bénéfices considérables de leur
fabrication... C'est dans les immeubles occupés par
chaque communauté qu'elle accomplit les œuvres à l'occasion desquelles sont réalisés ses produits et qu'elle obtient les revenus que nous voulons atteindre. Nous étions
donc autorisés à prendre pour base dans l'évaluation des
produits réalisés par chaque communauté les immeubles
occupés par elle. »

Au Sénat, on adopte le texte de la Chambre sans modification ; mais on discute fort longuement sur le sens des
mots « occupés », et M. Batbie dans sa critique de la loi
que nous rappelions plus haut, s'écrie : « Voilà une congrégation obligée de recueillir ses membres. Elle loue un
appartement ou une maison. Elle les prend à bail comme
tout autre locataire pourrait le faire. Elle paye, je suppose
5, 10, 15, 20 ou 30.000 francs, pour des locaux plus ou
moins considérables suivant le nombre de ses membres.
C'est pour elle une charge. Et vous établissez un revenu
d'après la valeur des locaux occupés, même quand ils
sont occupés à titre onéreux. Si vous considérez comme
un revenu le prix de bail que l'on paye, je ne sais plus ce
que les termes veulent dire. »

Il est vrai — et c'est là le plus gros argument des amis
systématiques des congrégations — que M. Dauphin, ré-
pondant à M. Batbie, a prononcé les paroles que nous relations plus haut.

La réponse de M. le procureur-général Manau nous
semble péremptoire, après avoir cité l'accord de tous les
orateurs sur la notion de bien occupé, conforme à celle de
la Régie, il s'écrie : « Est-ce qu'une erreur du rapporteur
va devenir le commentaire inéluctable de la loi? Moins
qu'une erreur, une explication incomplète va-t-elle para-
lyser la portée d'un texte clair et précis? Cela n'est pas

possible. Voilà ma vraie réponse à l'objection. Mais j'ajoute
qu'à mon avis, le rapporteur n'a songé à ce moment qu'à
donner une des raisons du mot *occupés* mis dans la loi
sans distinction, et qu'il a oublié l'autre, la véritable, le
désir de protéger l'impôt contre les fraudes, qui, jusque-là
en avait diminué le produit dans une si large mesure...
M. Batbie faisait porter tout l'effort de sa discussion sur
les locaux loués. M. Dauphin a seulement voulu montrer
que ce n'était pas là, *dans la généralité des cas*, ce qu'é-
taient les immeubles des communautés, qu'il y avait
d'autres catégories et, entre autres, celle des immeubles
transmis fictivement à des tiers. »

Peut-on d'ailleurs admettre que la seule parole de
M. Dauphin suffise à fixer le sens de la loi!

Cet assujettissement des congrégations à l'impôt sur le
revenu pour les immeubles dont elles sont seulement lo-
cataires, est-il d'ailleurs si contraire à l'équité qu'on l'a
souvent prétendu? Point d'hésitation sans doute pour ceux
qui condamnent en bloc tous les impôts qui sont l'objet
de ce travail; mais nous prenons la loi telle qu'elle est, et
nous pensons que l'idée de prendre la valeur de l'immeuble occupé comme base du revenu que l'on veut atteindre,
n'a rien ni de choquant, ni d'anormal. Comment connaître
ce revenu sans une présomption? Le prix du loyer est le
signe révélateur de l'importance du bénéfice légalement
présumé. Ce n'est pas la seule circonstance où le législateur a usé de ce moyen, et nous avons cité plus haut des
textes qui calculent des droits d'après la valeur des biens
loués (voir art. 12 de la loi du 15 juillet 1880, sur les
patentes, et les articles 15 et suivants de la loi du 21 avril
1832 sur la contribution mobilière).

Les arguments contre les congrégations abondent;
elles ont cependant multiplié les procès. L'arrêt de Cassation du 27 décembre 1893 est intervenu à la suite d'un

jugement du tribunal de la Seine du 21 mai 1889 (1).
L'institut des frères des Ecoles chrétiennes n'avait pas
compris dans sa déclaration des immeubles pris à bail ; il
prétendait que, sous la dénomination de biens occupés,
l'article 9 de la loi aurait exclusivement visé ceux dont
une congrégation continuerait à jouir après les avoir
aliénés fictivement. Le jugement répond : « Attendu...
que, tant à la Chambre qu'au Sénat, les défenseurs du
projet ont à maintes reprises déclaré qu'elle avait tout
spécialement pour objet d'atteindre les biens loués, ces
biens servant à l'œuvre à l'aide de laquelle sont réalisés
les revenus des congrégations ; — que, soit pour établir
la nécessité de l'innovation proposée, soit pour évaluer
les produits probables de la loi, ils se sont référés à l'état
dressé en 1880 pour l'application de la loi des patentes,
état dans lequel sont portés comme biens occupés les
locaux loués par les congrégations, et spécialement les
immeubles mêmes qui font l'objet du procès actuel ;
attendu que l'on soutient vainement que, lors de la discussion au Sénat, le rapporteur du budget avait limité
aux biens aliénés fictivement le sens des mots *biens
occupés;* qu'en alléguant que les locaux occupés « ne
sont pas des locaux que les congrégations ont pris à bail,
mais des locaux dont elles sont propriétaires, et dont
elles ont fait passer la propriété sur la tête d'un tiers
pour échapper au fisc ou à des mesures de police, le
rapporteur général a entendu, non pas contredire une
définition des mots « bien occupés » sur laquelle tous
étaient d'accord, et qui avait été acceptée par la Chambre,
mais indiquer que, dans sa pensée, tout local occupé
par une congrégation devait être réputé lui appartenir,
quelque fût le titre apparent de l'occupation... etc... »

_____

(1) Voir également en ce sens un jugement du tribunal de Castres,
du 7 août 1890. D. 90, 1, 351.

Les considérants se poursuivent, toujours parfaitement déduits ; aussi la Cour de Cassation n'eut elle qu'à applaudir et à confirmer; son arrêt est extrêmement bref, il affirme; il semble que le jugement du tribunal de la Seine ait empêché toute discussion, et rendu inutiles toutes autres explications.

L'immeuble occupé par l'association sert donc de base à la détermination du revenu; il importe peu que le bail ait été consenti directement à son profit, ou qu'il ait été passé au nom de l'un ou de quelques-uns de ses membres. La loi ne s'occupe nullement du titre en vertu duquel l'association occupe ; il suffit, pour l'exigibilité de l'impôt, que l'occupation soit constatée en fait. Cette occupation peut être effectuée par la congrégation elle-même ou par quelques-uns de ses membres; en tout cas *il ne faut pas que les utilités juridiques du bien détenu* (ou possédé) *soient recueillies par un tiers.* Il y a là un principe qui a donné lieu, en jurisprudence, à d'intéressantes applications; c'est ainsi qu'il a été décidé qu'on ne pouvait considérer comme biens occupés les locaux d'un hospice communal desservi par des religieuses ; de même une école fondée par une personne et confiée à des congréganistes, le tout sans fraude, n'est pas un immeuble occupé ; enfin le tribunal d'Albi a consacré cette doctrine dans un jugement du 23 juillet 1890 ; il s'agissait d'un immeuble appartenant personnellement à la supérieure d'une communauté de femmes, occupé en partie par cette communauté, et loué pour le surplus, par la propriétaire, à une commune, pour l'installation des services du bureau de bienfaisance, que les religieuses s'étaient chargées d'assurer; et l'on jugea que les biens ainsi consacrés à un service public n'étaient pas des biens occupés.

Ces explications sur la portée des mots « biens occupés » et biens « possédés » nous permettent désormais d'esqui-

ser quelques difficultés de classement que l'administration
ou la jurisprudence ont dû résoudre; les incertitudes s'ef-
facent si l'on combine avec les caractères généraux résultant de nos définitions cette idée que, l'impôt étant censé
représenter les revenus ou produits de l'association, le 5
pour 100 de la valeur des biens possédés ou occupés qui
doit servir d'assiette à la perception, ne peut être évidemment calculé que sur les biens ayant le caractère de capitaux, à l'exclusion de ceux qui constituent eux-mêmes
des revenus, c'est-à-dire l'élément imposable.

De là, malgré la qualité de biens possédés, appartenant
juridiquement à certaines valeurs, celles-ci ne rentreront
pas dans les inventaires, en cette qualité C'est ainsi que
les provisions de bouche ou de ménage, qui peuvent être
considérées comme représentant des revenus, seront ex-
clues de la composition du capital possédé par l'association.
De même, pour les fruits civils ou naturels ; ceux-ci seront consommés ; ceux-là, s'ils étaient comptés, feraient
double emploi avec le forfait de 5 pour 100 calculé sur la
valeur du bien loué, s'il s'agit d'un fermage, par exemple.
Nous ne croyons pas que l'on doive faire une distinction
entre les fruits échus, mais non perçus et les fruits perçus ; pour les uns comme pour les autres, le même raisonnement s'applique ; ils sont le produit réel d'un bien
qui a été imposé à raison d'un revenu fictif. Ces fruits ne
seraient comptés pour l'assiette de l'impôt que si, à défaut
de perception, ils portaient eux-mêmes intérêt. On doit
appliquer des solutions analogues aux traitements ou sa-
laires qui sont l'équivalent du travail personnel des congréganistes; aux pensions payées par des élèves ou des
malades à un établissement religieux ; aux arrérages d'une
rente perpétuelle et viagère.

Une question plus délicate s'est posée : la clientèle d'un
pensionnat exploité par une congrégation religieuse est-
elle un bien possédé? Non, répond le tribunal de la Seine.

le 21 mai 1889 (1), car elle se confond, tant qu'elle n'est
pas cédée, avec la profession; elle ne constitue pas plus
un bien que cette profession elle-même ou les qualités,
les aptitudes et le travail de la personne qui l'exerce. Elle
n'est matière imposable que du moment où elle est transmise à un tiers; « ce qui constitue un bien dans ce cas,
ce n'est pas la clientèle elle-même, c'est-à-dire l'ensemble des relations établies entre le cédant et le public, mais
le droit acquis par le cessionnaire sur les bénéfices à
réaliser à l'aide de ces relations ». Quelles que soient les
critiques adressées à cette solution par MM. Garnier et
Primot, nous approuvons cependant les arguments du
tribunal de la Seine (2). « C'est là une doctrine manifes-

(1) *Dictionnaire des droits d'enregistrement*, nº 1398, page 334.
Répertoire périodique de l'enregistrement, 1889, page 667, art. 7331.
Congrégations relig. aux Pandectes françaises, n. 881.
(2) Il nous paraît intéressant de citer ici une portion des considérants de ce jugement :
« Attendu...
« Que le revenu des biens possédés ou occupés par les congrégations n'a été fixé au taux de 5 0/0 généralement supérieur à leur produit probable, qu'en égard à l'importance présumée des bénéfices
commerciaux, lesquels se confondent ainsi avec les produits de la
clientèle :
« Que la taxe réclamée sur celle-ci ferait donc double emploi avec
celle payée sur les immeubles ;
« Que c'est en prévision de l'hypothèse où des gains commerciaux
ou produits de la clientèle dépasseraient le revenu déterminé par le
forfait que le fisc a été autorisé à s'en dégager lorsqu'un revenu supérieur est constaté ;
« Mais qu'en dehors de ce cas, la taxe perçue en dehors de ce forfait sur les immeubles où s'exerce la profession comprend manifestement le produit de la clientèle ;
« Attendu, enfin, que le texte même de l'art. 9 condamne l'interprétation proposée par la Régie;
« Que c'est par la valeur brute des biens occupés ou possédés que
le revenu est déterminé ;
« Que l'appréciation de la valeur brute d'une clientèle est impossi-

ment erronée, s'écrie l'auteur du dictionnaire des droits d'enregistrement. Il est incontestable qu'une clientèle est un bien ayant une valeur certaine, et susceptible d'être cédée par tous les modes de transmission autorisés par la loi civile ». Et il cite à l'appui la loi du 28 février 1872, qui assujettit à un droit de mutation de 2 pour 100, les cessions de fonds de commerce et de clientèle. Nous ne voyons point en quoi une telle argumentation peut contredire l'opinion des juges de la Seine. Oui, sans doute, la clientèle est un bien, et personne ne songe à le contester ; oui, ce bien donne lieu par *sa transmission* à la perception d'un droit de mutation ; mais ce que la loi frappe c'est la transmission, ce n'est pas le bien et en aucune autre circonstance elle ne songe à le faire, notre système fiscal atteint les revenus, d'après les manifestations extérieurs de la richesse, jamais la clientèle n'entre en balance. Ce pourrait être un élément important pour l'établissement des patentes ; on ne l'a jamais considéré. Toujours la clientèle est indirectement assujettie, les locaux sont plus vastes, on payera plus d'impôts ; les relations commerciales sont multiples ; chacune est l'occasion de droits divers. Nous n'insisterons donc pas et nous persistons à considérer *la clientèle* comme un bien non possédé, ou tout au moins, comme un bien qui n'entre pas en ligne de compte directement, pour la détermination du revenu de la congrégation.

Devons-nous en dire autant de la créance d'une dot religieuse qui peut appartenir à la congrégation ; une créance est un meuble dont elle peut être considérée comme propriétaire. Elle devra donc être déclarée comme bien possédé (1). Mais, étant donné que la valeur qui doit

ble, celle-ci ne pouvant être évaluée que par la comparaison des produits avec les frais d'exploitation ;

Par ces motifs, etc...

(1) Voir sur cette question, *Manuel à l'usage des Congrégations*

servir de base à l'établissement du forfait est la valeur
réelle, cette créance ne sera prise en considération que
dans la mesure où son recouvrement est assuré. L'insolvabilité partielle du débiteur autorise une estimation ; son
insolvabilité totale permet de comprendre la créance simplement pour ordre dans la déclaration des biens possédés.

Terminons cette série de développements spéciaux, par
l'examen d'une question plus générale : les biens dont
une congrégation n'est que nue-propriétaire, doivent-ils
figurer, pour la liquidation de l'impôt, parmi ceux qu'elle
possède. L'administration a d'abord soutenu l'affirmative (1) ; elle n'a changé d'opinion qu'à la suite d'un jugement contraire du tribunal de Versailles (2) du 14 décembre 1888, et par une solution du 9 mars 1889. Le jugement était intervenu à propos de la nue-propriété d'une
rente sur l'État, qui appartenait à une congrégation :
« Attendu, dit-il, que si le législateur, par ses lois des 28
décembre 1880 et 29 décembre 1884, a tenu à arrêter le
développement des biens de mainmorte échappant à la
circulation des biens comme à l'action du Trésor, il n'ap-
paraît nulle part qu'il ait songé à atteindre des biens improductifs non détenus par leur propriétaire ; — Que
pour décider le contraire, on ne peut exciper du régime
exceptionnel appliqué aux associations religieuses dans
un intérêt d'ordre public, afin de faciliter au Trésor les
moyens de déterminer les revenus d'associations dont la
vie intérieure est tellement secrète que ses membres
mêmes ne reçoivent pas de comptes ; — qu'en effet, la loi

religieuses, LACOSTE-LAREYMONDIE, 1er appendice, page 19 et Pandectes françaises, Congrégations religieuses, no 889. Dictionnaire
droits d'enregistrement, no 1399.

(1) Solution du 12 mai 1887, rapportée au Dictionnaire des droits
d'enregistrement, no 1405, page 336.

(2) Répert. périod., 1880, art. 7225, page 258 et Dictionnaire,
no 1407.

précise qu'elle ne frappe que les biens susceptibles de
revenus et possédés ou occupés, etc... » La solution du
9 mars 1889 ajoute à ces considérants une observation
fort judicieuse ; elle suppose qu'un même bien appartienne
en nue-propriété à une congrégation, en usufruit à une
autre, et soit détenu à titre de bail par une troisième ;
pourrait-on admettre que l'impôt soit dû par toutes les trois,
ainsi que la thèse soutenue tout d'abord par l'enregistrement l'eût fait décider. Ce bien, étant occupé par la congrégation *locataire*, ne peut être assujetti à l'impôt, entre les mains de la congrégation *usufruitière*, que comme
bien *possédé*. On ne saurait prétendre que la congrégation
nue-propriétaire doit également l'impôt à raison de cette
nue-propriété ; il y aurait ainsi un double emploi dans
l'application de la taxe, alors acquittée par deux congrégations pour un même fait de possession.

En résumé, il faut pour qu'un bien possédé (1) soit
assujetti à l'impôt, qu'il soit productif de revenus et ne
se confonde pas avec les revenus eux-mêmes.

Quant aux biens occupés, ils seront assujettis à l'impôt, toutes les fois que la congrégation peut exercer
sur la chose un droit de détention personnelle lui conférant la faculté de s'en approprier les utilités juridiques.
Nous avons suffisamment insisté sur cette idée, en donnant la notion du bien occupé pour être dispensé d'y revenir. Dans tous les cas où un bien est occupé par une congrégation, il n'entrera en ligne de compte pour le calcul
de l'impôt que dans la mesure de la portion effectivement
occupée. Mais il est plus délicat de savoir si l'on appré-
ciera de même un bien qui *occupé* par une congrégation,
est *possédé* par une autre congrégation. N'y aura-t-il pas

(1) On ne saurait évidemment considérer comme possédées les
sommes qu'une congrégation détient à titre d'aumône à distribuer ;
il n'y a là qu'un dépôt ou un mandat.

là un double emploi ; et l'espèce prévue n'est-elle pas
analogue à celle qui donna lieu au jugement précité du
tribunal de Versailles du 14 décembre 1888 sur l'estimation relative de la nue-propriété et de l'usufruit. La question à notre avis, est toute différente ; la loi n'a pas songé
à atteindre des biens improductifs ; or la congrégation
propriétaire retirera de son loyer un revenu, et la congrégation occupante trouvera des avantages, dans la situation où elle se trouve (1) ; ce loyer ou ces avantages
sont estimés par la loi à 5 0/0 : le premier représente le
revenu d'un bien possédé, les seconds, le revenu d'un
bien occupé. Ces 50/0 sont calculés sur la valeur imposable du bien. Mais comment déterminera-t-on la dite valeur ?

L'article 9, § 2 de la loi de 1884 est fort clair ; il nous
dit : « Le revenu est déterminé à raison de cinq pour cent
de la valeur brute des biens meubles et immeubles possédés ou occupés par les sociétés, à moins qu'un revenu
supérieur ne soit constaté, et la taxe est acquittée sur la
remise d'une déclaration détaillée faisant connaître distinctement la consistance et la valeur de ces biens. » Il
résulte de cette disposition, d'une part ; que les congrégations religieuses et autres établissements atteints par l'article 9, n'ont plus comme auparavant, l'option entre les
divers modes de détermination du revenu imposable (sauf
les cas où un revenu supérieur au revenu présumé de 5
pour 100 pourrait être constaté), d'autre part ; que l'impôt
doit être calculé sur la valeur brute des biens, par conséquent, comme cela est de principe, dans les lois fiscales
en matière de successions, sans avoir égard au passif
dont ces biens peuvent être grevés. L'article indique en

_____

(1) Voir jugement du tribunal de Castres, 7 août 1898, _Diction-
naire des droits d'enregistrement_, n° 1418.

même temps la nécessité préliminaire d'une déclaration
faisant connaître la consistance et la valeur des biens possédés et occupés. Une double condition est donc exigée de
la déclaration qui doit être remise à l'administration. Elle
doit : 1° être détaillée : 2° faire connaître la consistance et
la valeur des biens ;

Elle sera détaillée, c'est-à-dire qu'elle doit être ainsi
faite que l'administration ait en mains les éléments nécessaires pour exercer le droit de contrôle qui lui est conféré par le § 3 de l'article 9 ; — et elle sera estimative, en
indiquant l'évaluation des biens dont elle donne en même
temps la nature, la quantité et la qualité. Les meubles ou
objets mobiliers devront être déclarés et estimés article
par article, ou tout au moins, par catégories comprenant
des objets de même espèce. Quant aux immeubles, il est
nécessaire qu'ils soient désignés séparément et que la déclaration fasse connaître, pour chacun d'eux, le nom particulier sous lequel l'immeuble est connu, sa consistance,
les communes dans lesquelles il est situé, et enfin son
évaluation (1).

On connaîtra ainsi la *valeur brute* des biens inven-
toriés ; on ne déduira ni les frais d'entretien ou d'exploitation, ni les impositions ou autres charges quelconques
dont les biens pourraient être grevés. En supposant, par
exemple, qu'une rente ait été léguée à une congrégation,
sous la condition d'en employer les arrérages en bonnes
œuvres, la valeur entière de cette rente n'en devrait pas
moins être comprise dans la déclaration des biens possédés. — Si la congrégation ne possède que l'un des démembrements de la propriété, tel qu'un droit d'usufruit ou
d'habitation, ce n'est pas la valeur particulière de ce droit,
mais la valeur intégrale de la propriété démembrée qui
doit entrer en ligne de compte pour la détermination du

_____

(1) Voir *Instruction de l'enregistrement*, n° 2651.

revenu soumis à la taxe. La loi est formelle à cet égard ;
elle s'explique d'ailleurs facilement, car, envisagée au
point de vue de sa puissance de production annuelle,
l'association est dans une situation identique, soit qu'elle
possède, par exemple, l'usufruit d'un immeuble, soit
qu'elle en possède la pleine propriété ; elle est appelée en
effet, dans l'un et l'autre cas, à bénéficier de toutes les
utilités que l'immeuble est susceptible de procurer. De
même, puisque le bénéfice imposable est censé correspon-
dre, aux yeux du législateur, à l'importance des biens
dont l'association recueille les utilités juridiques, on ne
saurait faire abstraction, pour l'établissement du forfait,
des biens dont la société n'a eu la possession que pendant
une partie de l'année ; de même, les créances ne doivent
être prises pour leur capital nominal que si leur recouvrement en est assuré.

Le total des estimations fait, on établit l'impôt sur un
revenu égal à 5 pour 100 de la valeur brute trouvée ;
c'est là un « revenu obligatoire », un « minimum » légal ;
car si l'administration pense que la congrégation a un revenu supérieur, il lui sera permis de l'établir.

Mais il peut arriver que le revenu vrai de la congrégation soit inférieur au revenu fictif présumé ; cela importe
peu ; si manifeste que puisse être l'injustice, les congrégations ne la pourront prouver, comme il serait loisible
de le faire aux sociétés commerciales de la loi de 1872 ;
si, au contraire, on peut penser que la congrégation a un
revenu supérieur à 5 %, c'est que cet établissement se
livre *probablement* au commerce et qu'il sera possible de
constater son revenu réel ; en raison même des nécessités
commerciales, elle sera obligée d'avoir des livres, sur lesquels la constatation pourra avoir lieu. C'est là une explication de cette disposition de la loi ; mais il faut avouer
qu'elle est fort étrange ; à cette société qui fait le com-

merce on commence par demander quels sont ses revenus
réels, et s'il est constant qu'elle est en perte ou que ses
bénéfices sont de beaucoup inférieurs au forfait, on l'impose cependant au 5 pour 100 de son capital !

Comment sera calculé le revenu réel de la congrégation, pour rechercher s'il est supérieur à 5 %? Il
sera nécessaire, de dresser le bilan de l'entreprise au
commencement et à la fin de l'année. On supposera l'association dissoute et liquidée à la date du 31 décembre de
l'année pour laquelle la taxe est due ; on comparera
l'actif net constaté à cette époque avec celui qui existait
au 1er janvier précédent ; l'excédent, s'il y en a un, constitue le revenu sur lequel la taxe doit être liquidée, lorsqu'il dépasse 5 pour 100 de la valeur des biens possédés
ou occupés (1).

C'est là du reste, une exception ; la présomption est
un revenu de 5 pour 100, et elle est une des celles qu'en
termes de civiliste on appelle *juris et de jure*.

III. — Toutes les notions précédemment exposées sem-
bleraient incomplètes si elles n'étaient précisées par quelques indications sur les règles générales de payement de
la taxe (2), particulières à l'impôt sur le revenu ; nous
serons amenés à nous compléter nous-mêmes à propos du
droit d'accroissement.

La congrégation doit payer la taxe dans les 3 premiers
mois qui suivent l'année pour laquelle elle était due, c'est-
à-dire au plus tard au 31 mars. Ce paiement est accompagné de la déclaration des biens possédés et occupés.

---

(1) Voir *Lois nouvelles*, 1885, page 30; et *Dictionnaire des droits
d'enregistrement*, nos 1420 et suivantes.
(2) Nous laisserons les détails de côté : nous étudions les règles de
perception au point de vue de leur influence indirecte sur l'assiette
de l'impôt; les dispositions d'ordre sont exposées très complètement
dans les dictionnaires et répertoires d'enregistrement.

Voilà pour l'époque. Mais *dans quel lieu ?* L'instruction
2651 nous répond. Elle porte qu'en principe la taxe établie par la loi du 28 décembre 1880 doit être payée au
siège effectif de chaque association, sans qu'il y ait à distinguer entre les associations reconnues et celles qui n'ont
qu'une existence de fait, quelle que soit d'ailleurs la situation des biens sociaux. C'est une application du décret
du 6 décembre 1872, auquel la loi de 1880 se réfère
expressément, et dont l'article 1ᵉʳ dispose que l'impôt sera
acquitté au bureau de l'enregistrement *du siège social* (1).
Ces mots *siège social* ont donné lieu à une difficulté (2),
voici dans quelles circonstances : Une congrégation de
femmes, reconnue conformément à la loi du 24 mai 1825,
avait à Paris sa maison-mère. Elle possédait en province
un certain nombre de succursales, autorisées par décrets.
La question était de savoir s'il devait être procédé à des
liquidations et perceptions distinctes pour la maison-mère
et chacune de ses succursales, ou si, au contraire, il n'y
aurait lieu qu'à une liquidation et perception unique pour
la maison-mère, dont l'actif aurait compris celui de toutes
les succursales. Y aurait-il unité ou pluralité de perceptions ?

On faisait valoir 2 arguments en faveur de la pluralité :

α) L'autorisation obtenue par la supérieure générale
pour les établissements nouveaux leur confère une existence légale. Les succursales ont, en droit, en vertu de
l'autorisation, la faculté d'acquérir et d'aliéner.

6) Ce qui le prouve, c'est que l'autorisation ne leur est
accordée que sur la justification des ressources nécessaires à leur formation et à leur existence.

---

(1) La loi de 1884 n'a pas innové sur ce point (article 7, § 4).
(2) Elle est antérieure à 1884 ; mais cela importe peu, puisque la
même difficulté pourrait toujours se présenter.

9

Le tribunal de la Seine (1), le 27 juillet 1883, n'a pas admis cette théorie. Il y avait une administration commune de la maison-mère et des succursales. Une supérieure générale, assistée d'un conseil, gouvernait à la fois le personnel et les biens de l'une et des autres. La capacité individuelle de chacune des succursales n'avait pu exister qu'à l'état purement théorique, puisqu'en fait elle n'avait pu être exercée qu'au nom de la congrégation en général.

Quant aux biens des succursales, on ne peut les considérer comme des patrimoines distincts, pour 2 motifs.

1° En cas d'extinction de l'une des succursales, l'État aurait eu à exercer son droit de retour, conformément à l'article 7 de la loi de 1825, ce qui n'est pas ; 2° la succursale n'est pas propriétaire ; elle n'a que la jouissance d'un fonds dont la propriété est à la congrégation. A ce propos, Monsieur Testoud fait une comparaison juste en même temps qu'ingénieuse : « Il se produira, écrit-il dans la *revue critique*, quelque chose d'analogue à ce qui avait lieu dans la famille romaine, unie par le lien de la puissance paternelle. Sans doute, le fils de famille romain avait une personnalité juridique ; il pouvait recevoir des legs, même être institué héritier. Mais toutes ces acquisitions qui se faisaient en son nom profitaient en définitive au père de famille. De même que les fils de famille étaient considérés comme des extensions naturelles de la personnalité de leur père, les succursales autorisées des congrégations religieuses reconnues seraient des extensions légales de la personnalité de ces congrégations. Ce seraient des rameaux du même arbre. »

Le jugement du tribunal de la Seine n'avait été qu'une décision d'espèce ; l'administration, la généralisant admet

_____

(1) Jugement rapporté : S. 1885, 2. 72. D. 85, 5, 509. P. 1885, p. 600.

aujourd'hui toutes les congrégations de femmes à supérieure générale, à payer l'impôt pour toutes leurs succursales, autorisées ou non autorisées, au bureau du siège de la maison mère. Il est à remarquer que la question ne saurait se présenter pour les congrégations d'hommes reconnues, qui n'ont pas de succursales autorisées (1).

A l'occasion du payement de la taxe de 4 0/0, les congrégations peuvent commettre trois sortes de contraventions :

1° Ne pas payer la taxe ;

2° Omettre dans leur déclaration soit des biens possédés, soit des biens occupés ;

3° Evaluer insuffisamment les biens déclarés.

Que ce soit le résultat d'une erreur, d'un oubli, d'une fraude, cela importe peu ; en matière fiscale l'intention n'est tenue pour rien ; l'erreur suffit à engendrer la pénalité.

La loi de 1880 a eu la prétention de n'être que le développement de celle de 1872, et celle de 1884 n'a point voulu modifier celle de 1880. Or celle-ci applique à chaque contravention les pénalités de l'article 4 de la loi de 1872, lequel renvoie lui-même à l'article 10 de la loi du 23 juin 1857. ainsi conçu : « Toute contravention aux présentes dispositions et à celles des règlements qui seront faits pour leur exécution sera punie d'une amende de 100 à 5,000 francs, sans préjudice des peines portées par l'article 39 de la loi du 22 frimaire an VII pour omission ou insuffisance de déclaration. »

(1) Sur cette question, voir BURETEL DE CHASSEY, page 285 et s., GARNIER, au mot *Congrégations*, nos 112 et s , *Dictionnaire des droits d'enregistrement*, nos 1389, 1420 et s., *Revue critique*, 1880, page 65 et s., BÉQUET, au mot *Cultes*, n° 2206. Et surtout LACOSTE-LAREYMONDIE, *Manuel à l'usage des congrégations religieuses*, §5, page 11 et s., 1er appendice, § 3, page 5.

Et cet article 39 de la loi du 22 frimaire VII est lui-même ainsi rédigé, § 2 :

« La peine pour les omissions qui seront reconnues avoir été faites dans les déclarations, sera d'un droit en sus de celui qui se trouvera dù pour les objets omis : il en sera de même pour les insuffisances constatées dans les estimations des biens déclarés. Si l'insuffisance est établie par un rapport d'experts, les contrevenants payeront en outre les frais de l'expertise. »

La combinaison de ces deux articles doit être ainsi entendue : si une déclaration est faite en temps utile, mais qu'elle contienne une omission ou une insuffisance d'évaluation, le droit en sus est dù ; si elle n'est pas faite en temps utile, c'est le droit de 100 à 5.000 francs qui seul doit être exigé.

Une *amende* ne sera due que pour le retard dans le paiement, à partir du jour où il sera établi, soit par une soumission volontaire, soit par une décision judiciaire que la taxe aurait dù être payée (1). — S'il y a contestation judiciaire, le montant est toujours fixé par le tribunal ; si, au contraire, il y a soumission volontaire, l'administration arbitre elle-même le chiffre de l'amende et en fait, la remise de la plus grosse part est toujours faite à titre gracieux.

Ajoutons que les agents de l'enregistrement ne peuvent exiger le montant de l'amende en même temps que celui du droit simple, ils doivent attendre que l'administration supérieure ait statué ; au contraire, lorsqu'il s'agit du droit encouru en sus pour omission ou insuffisance, le receveur ne peut s'en éviter la perception. Il doit encaisser ensemble le droit simple et le droit en sus.

Mais comment constater les contraventions ? L'administration usera des moyens de contrôle mis à sa disposi-

(1) LACOSTE-LAREYMONDIE, *op. cit.*, page 7 et page 32.

tion par l'article 3 de la loi du 28 décembre 1880, non abrogé par la loi de 1884. Cet article est ainsi conçu :

« L'inexactitude des déclarations, délibérations, comptes-rendus ou documents analogues peut être établie conformément aux articles 17, 18 et 19 de la loi du 22 frimaire an VII, 13 et 15 de la loi du 23 août 1871. »

Voyons en quelques mots l'objet des textes auxquels cet article 3 renvoie : l'article 17 de la loi du 22 frimaire an VII autorise la Régie à recourir à l'expertise pour établir la valeur vénale d'un immeuble dont le prix de vente lui paraît inférieur à cette valeur vénale, et fixe le délai de la demande en expertise ; l'article 18 détaille la procédure de l'expertise ; l'article 19 étend l'expertise au cas d'insuffisance présumée du revenu des immeubles transmis à titre gratuit. L'article 13 de la loi du 23 août 1871 détermine la procédure destinée à établir la dissimulation de prix en matière de vente d'immeubles, et l'article 15 de la même loi modifie la procédure de l'expertise. Dans tous ces textes il n'est question que d'immeubles, et c'est pourquoi la Cour de Cassation, par un arrêt de la chambre civile du 24 juillet 1894 (1) a décidé que l'expertise ne peut porter sur les biens meubles des congrégations religieuses, et doit être restreinte aux immeubles.

Monsieur Albert Wahl attaque cette solution (1) avec beaucoup de force ; on ne peut, dit-il, admettre une telle opinion « sans méconnaître et les textes, et les principes, et les travaux préparatoires, et l'intérêt général. »

Tout ce que dit la loi de 1880, c'est que l'inexactitude des déclarations et documents peut être établie « *conformément* aux articles... » Ce n'est donc, ni *dans les cas* prévus par ces textes « *ni suivant la procédure* » qui y est indiquée. Ce que la loi a voulu dire, c'est que l'exper-

(1) SIREY, 1895. 1, page 361. Dans le même sens BEAUNE, 31 octobre 1889, S. 1890, 2, 110.

tise qui dans certaines hypothèses données dans les textes
cités doit être employée, le sera aussi dans celles qui
sont prévues par la loi de 1880. Or, de quoi traite cette
loi, lorsqu'elle applique à une certaine vérification le procédé de l'expertise ? Elle traite des déclarations qui doivent
contenir l'évaluation détaillée des meubles et des immeubles; elle veut un contrôle pour toute la déclaration et
non pour une parcelle de cette déclaration. Sans doute,
en matière fiscale; c'est dans le texte même de la loi qu'il
faut chercher le sens de la loi ; mais l'article est-il si obscur sur ce point que la conclusion de la cour suprême
aille d'elle-même.

Objecterait-on que le législateur a reculé devant une
expertise, qui, appliquée aux meubles, serait inquisitoriale
et vexatoire? Sans doute, l'expertise des meubles peut avoir,
pour ceux qui y sont assujettis, un caractère plus pénible,
que l'expertise des immeubles, car elle permet aux experts
de s'introduire dans les lieux habités et d'examiner tout
ce qui s'y trouve : mais le Code de procédure ne fait-il
pas de l'expertise un moyen général de contrôle ; et ne
doit-on pas considérer les motifs qui n'ont pas permis à la
loi de frimaire d'admettre l'expertise en matière mobilière !

Or, quels sont-ils et quelle est, leur valeur dans le cas
présent? Ils se résument en ceci, que les meubles n'étant
généralement pas soumis à déclaration, en cas de transmission, la loi n'a pu permettre à la Régie de provoquer
une expertise, rendue presque toujours inutile par la facilité des dissimulations, Tel était le principe de l'exemption
d'expertise; et l'art. 8 de la loi du 23 août 1871 n'a fait
que l'appliquer lorsqu'il a autorisé l'expertise pour contrôler le prix des ventes de fonds de commerce; l'enregistrement de ces mutations est en effet obligatoire et la
dissimulation est difficile. — Considérons maintenant les
meubles visés par nos lois de 1880 et 1884: ils doivent

être déclarés obligatoirement, et d'autre part, on connaît
généralement assez aisément les biens meubles consacrés au culte, à l'enseignement, à l'industrie, etc... La
loi devait donc prendre des précautions pour que toutes
omissions ou insuffisances fussent reconnues.

Les discussions enfin laissent croire que les membres
du Parlement envisageaient l'expertise comme s'appli-
quant à tous les biens à déclarer; il y avait là une nécessité pour que les lois votées pussent être intégralement
appliquées et c'est supposer au législateur une impéritie
inexcusable que de lui imputer la création d'impôts pour
le recouvrement desquels il n'aurait rien fait.

Aujourd'hui la question ne nous paraît plus douteuse;
nous verrons plus loin que la loi du 16 avril 1895 contient
un article 6 ainsi conçu : « l'insuffisance d'évaluation peut
être établie pour les biens meubles comme pour les biens
immeubles, suivant le mode et dans les formes déterminées par les articles 17 et 18 de la loi du 22 frimaire
an VII et l'article 15 de la loi du 23 août 1871. » Sans
doute cet article s'applique au droit d'accroissement, mais
comme désormais la valeur sur laquelle est assis l'impôt
est la même pour les deux taxes, on ne comprendrait pas
que les mêmes moyens de vérification ne puissent être
employés quand il s'agit de l'une, alors qu'ils sont en
usage quand il s'agit de l'autre.

Pour l'harmonie de notre étude et comme conclusion
des dispositions d'ordre que nous avons esquissées, terminons par quelques brèves explications sur la prescription
en notre matière ; des difficultés s'étaient présentées pour
l'impôt de la loi de 1872 à laquelle se réfèrent les articles 3
de la loi de 1880 et 9 de la loi de 1884. Or, l'art. 5 de la
loi du 29 juin 1872 porte : « Le recouvrement de la taxe
sur le revenu sera suivi, et les instances seront introdui-
tes et jugées comme en matière d'enregistrement. » Ce

texte ne traite que du recouvrement de la taxe, de l'introduction des instances et des pénalités ; il ne dit rien de la
prescription. A défaut de disposition spéciale, nous restons
dans le droit commun de l'article 2262 et le délai est de
30 ans ; ainsi était fixée la jurisprudence (1) avant la loi du
27 juillet 1893 ; elle refusait d'appliquer l'article 61 de la
loi du 22 frimaire an VII, relatif aux prescriptions en matière d'enregistrement. L'impôt des lois de 1872, 1880 et
1884 n'est pas un droit d'enregistrement ; il n'y est assimilé que par des dispositions spéciales.

Actuellement, les difficultés ont disparu ; l'article 21 de
la loi du 27 juillet 1893 soumet à la prescription de *cinq
ans* l'action en recouvrement du Trésor sur les droits et
les amendes dus (2).

---

(1) Cass. 29 août 1881. S. 82, 1, 181, 18 avril 1883, S. 1884, 1, 395.
Cass. 9 nov. 1886, S. 88, 1, 33. 3 novembre 1887, S. 1888, 1, 389.
(2) SIREY, *lois annotées*, 1894, page 729.

CHAPITRE IV

LE DROIT D'ACCROISSEMENT

Tout le monde sait que toute transmission de bien est frappée d'un droit, que ce soit un bien meuble ou un bien immeuble, peu importe. Mais la quotité de l'impôt varie selon certaines circonstances ; s'il s'agit d'une *succession* ou d'une *donation*, le droit est le même, quelle que soit la nature des biens transmis, si l'on envisage la même mutation entre les mêmes personnes ; si la mutation est envisagée successivement entre personnes différentes, le droit variera suivant que la personne saisie et celle qui se dessaisit sont plus ou moins parentes ; si elle ne le sont point, le droit sera de 11 fr. 25 pour 100 fr. décimes compris ; ce droit descendra insensiblement suivant les parentés jusqu'à celui de 1 fr. 25 pour 100 fr. entre père et fils. S'agit-il de transmission à titre onéreux, la parenté est indifférente, la nature du bien seule importe (1) ; une vente d'immeuble donnera lieu à la perception d'un droit de 5, 50 sans les décimes, 6,875 avec les décimes ; un meuble meublant à la perception d'un droit de 2 0/0, 2,50 avec les décimes ; quant aux valeurs mobilières, il y a des distinctions à faire, (voir article 69 modifié, de la loi du 22 frimaire an VII). Lorsqu'il s'agit

(1) Voir GARNIER, *Répertoire*, au mot Vente, n. 13 et s.... *Journal des Economistes*, mars 1801, les Impôts sur les congrégations religieuses et le droit commun.

d'une transmission par suite d'une clause de réversion,
la jurisprudence a hésité entre deux droits, celui de
l'article 69, § 2, n° 6 et celui de l'article 69, § 5, n° 1. En les
envisageant sans les décimes, le premier est de 0 fr. 50
pour 100 et le second de 2 pour 100; le premier s'applique
aux « cessions d'actions et coupons d'actions mobilières
des compagnies, et sociétés d'actionnaires, et tous autres
effets négociables de particuliers ou de compagnies... »,
le second est relatif aux « adjudications, ventes, reventes,
cessions, rétrocessions, marchés, traités et tous autres
actes, soit civils, soit judiciaires, translatifs de propriété,
à *titre onéreux*, de meubles, récoltes..., et autres objets
mobiliers généralement quelconques ». La chambre civile,
et après elle les chambres réunies (1) ont appliqué le droit
de 0,50 pour 100 aux cessions de parts d'associés, dans
une *société quelconque*, oubliant que les parts d'associés
ne sont des actions ou des droits assimilables aux actions,
que si le capital social a été fractionné dans la prévision et
en *vue des cessions ultérieures* à faire par les associés,
et pour les faciliter. Ce droit de 0,50 s'applique donc à
toutes les divisions d'un capital social quelle qu'en soit
la dénomination, pourvu que leur transmission puisse
avoir lieu en faisant abstraction des meubles et des immeubles appartenant aux sociétés; il suffit que la propriété cédée résulte de l'acte constitutif de la société, qu'elle
soit meuble dans le sens de l'art. 529, C. civ. et qu'elle
soit négociable à un titre quelconque ; et cela s'appliquera
à toutes les sociétés, sous quelque forme qu'elles soient
constituées.

Cette solution de l'arrêt solennel de 1868 eut, semble-
t-il, dû être appliquée aux cessions qui s'opèrent par voie
d'accroissement à la suite d'un décès, et en vertu d'une

_____

(1) Voir arrêts des 16 novembre et 29 déc. 1868, et la note Beudant,
au Dalloz 1869, 1, p. 73.

condition insérée dans l'acte de société. Et cependant, dans un cas semblable, la chambre des requêtes (1) a autorisé la perception du droit de 2 pour 100 ; « l'interprétation résultant de l'arrêt solennel du 29 décembre 1868, dit l'excellent rapport de M. le conseiller ¡Du Molin, ne saurait s'appliquer à la mutation dont il s'agit ici. Elle se fonde sur le désir de favoriser le commerce et l'industrie, en facilitant la circulation des capitaux, et elle n'a en vue que des actions ou, si l'on veut, des parts d'intérêts *négociables* à un titre quelconque : l'arrêt le dit en propres termes. Mais la transmission qui s'est opérée dans l'espèce n'a pas été négociée ; elle ne provient pas d'une *cession*, elle naît de l'évènement d'une condition aléatoire ; elle s'accomplit, non par voie de transfert, mais par voie *d'accroissement...* Jusqu'ici personne n'avait imaginé que des mutations aussi peu volontaires que celles qui arrivent dans les communautés religieuses à durée illimitée, ou dans les sociétés dans le fonds social restent à ceux qui survivent, pussent profiter de la faveur du tarif que la loi fiscale a voulu accorder à la cession d'actions. »

L'administration voulut s'emparer de cette jurisprudence pour borner l'application du tarif de 50 c. pour 100 aux transmissions qui s'opèrent par voie de négociation et ne pas l'admettre en faveur des cessions par lesquelles la part d'intérêt d'un associé défunt est transmise à son décès aux associés survivants. L'arrêt des chambres réunies de 1868 était cependant absolu et n'entrait point dans le détail d'une pareille distinction ; aussi le tribunal de Dreux repoussa-t-il les prétentions de la régie, le 19 janvier 1875 (2) ; la chambre civile elle-même consacra

---

(1) Aff. Sainte-Marie de l'Assomption de Privas, contre l'enregistrement, 24 novembre 1869, au Sirey, 1870, 1, page 85.

(2) SIREY, 1875, 2, page 117. Voir aussi, dans ce sens, semble-t-il, l'arrêt de la ch. civile, du 27 juillet 1870, au SIREY 1870, 1, 401, et la note.

définitivement l'application du tarif réduit, dans l'affaire célèbre des Trappistes de la Meilleray (1), le 14 novembre 1877, en cassant un jugement du tribunal civil de Châteaubriant qui avait reconnu le tarif de 2 0/0 applicable, le 17 juin 1875.

Rien n'était plus contraire aux intentions du législateur de l'an VII, qu'une pareille jurisprudence : l'application du tarif réduit est sans inconvénient pour les accroissements qui ont lieu dans les sociétés commerciales, parce que ces sociétés n'ont qu'une durée limitée et qu'après leur dissolution, les biens qui en dépendent rentrent dans le courant de la circulation. Mais il n'en est pas de même pour les sociétés civiles dont la durée peut être indéfinie. L'application du tarif de 50 centimes pour 100 francs, aux accroissements dans les sociétés de cette espèce, équivalait à une exonération définitive du droit ordinaire de mutation sur les valeurs composant le fonds social. Ce résultat était d'autant plus grave que l'immunité s'appliquait même aux valeurs apportées par les associés dont la retraite opérait l'accroissement et auxquelles le législateur avait accordé la dispense provisoire de l'impôt lors de la mise en commun, dans la seule prévision du payement du droit lors du partage de la société.

Mais il fallait pour ce droit réduit l'existence d'une société ; et ce principe nous permet de conclure à sa non-application, en cas d'indivision et en cas de tontine ; commençons par cette seconde hypothèse. (2)

On a refusé de confondre les tontines avec les sociétés

(1) DALLOZ, 1878, 1, page 5 et SIREY, 78, 1, 44.
(2) Voir DEMANTE, revue critique, 1859, t. 14, page 298. — et, sur la nature des tontines, une note de M. LYON-CAEN, sous l'arrêt de Cass. du 25 fév. 1873 (ch. réun.) au S. 73, 1, 241, et DALLOZ, Tontine.

ordinaires et on a maintenu leurs opérations, souvent
grosses de duperie, sous la surveillance du Gouvernement où les avait également placées le Conseil d'Etat
(voir avis du Conseil d'Etat du 25 mars - 1er avril 1809 et
les art. 66 et 67 de la loi du 24 juillet 1867). Ce ne sont
donc pas des sociétés ; car il faudrait dans ce cas un bénéfice commun en vue et l'on ne cherche dans la tontine,
comme dans l'assurance mutuelle, qu'à se mettre en
garde contre une perte ; il faudrait en outre que les *bénéfices* résultassent de la gestion du fonds social dans l'intérêt commun ; or, ici les *accroissements* résultent d'éven-
tualités tout à fait indépendantes de la gestion du fonds
social ; il n'y a pas intérêt commun, mais addition des
intérêts individuels à profiter des décès les uns des autres.

Le 1er juin 1858 la Cour de Cassation (1) a décidé que,
dans une association tontinière « *dûment autorisée* »
l'accroissement est onoxéré du droit de mutation ; c'est
qu'il n'y a pas de mutation ; la propriété ne réside pas sur
la tête des individus composant l'agrégation. C'est l'autorisation du gouvernement nécessaire à l'existence légale
des associations tontinières, qui leur donne un caractère
particulier et qui, en consacrant leur personnalité morale,
rend la personne morale propriétaire de tous les biens
dès l'origine de l'association, de telle sorte que le décès
de chacun des associés ne fait rien acquérir aux coassociés survivants.

Au contraire, dans les associations tontinières non autorisées, la jurisprudence voit dans la réversion une
mutation passible du droit de transmission à titre onéreux, variable suivant qu'elle s'applique à un meuble ou à
un immeuble. En vain les parties allègueraient-elles pour
leur défense, que les associés prédécédés n'avaient jamais

(1) S. 1858, 1, 614.

eu qu'un droit d'usufruit, le droit de propriété reposant sur la tête du dernier survivant. Une pareille interprétation est inconciliable avec les règles fondamentales de notre loi civile qui n'admet pas que la propriété puisse ainsi demeurer incertaine (1).

Les mêmes règles vont s'appliquer en cas d'indivision ; le droit de 0,50 ne s'appliquera pas, parcequ'il n'y a pas de société civile ; c'est ce qui a été jugé par le tribunal de Lille (2), le 27 décembre 1879 ; « attendu, y lisons-nous, que les cinq prêtres susnommés, après avoir acquis conjointement et indivisément les immeubles dont il s'agit, ont purement dit que cette acquisition était faite par eux en vue d'une jouissance commune; — que cette déclaration n'exprime pas la formation d'une société dont le but devrait être la recherche des bénéfices à partager entre les prétendus associés, mais seulement le maintien d'un état d'indivision destiné à procurer aux acquéreurs une jouissance commune ; — que cette interprétation, qui découle naturellement du texte est d'ailleurs plus conforme à l'intention présumée des parties contractantes, dont la qualité de prêtres missionnaires est peu compatible avec une spéculation sociale ; etc...

Voilà quel était l'état de la jurisprudence que M. Henri Brisson rappela dans son fameux discours de 1880 (9 décembre). Du droit de mutation par décès, jadis appliqué, on était arrivé au droit dérisoire de 0,50 centimes. Et l'honorable député résumait alors les griefs que l'on pou-

___

(1) Voir les considérants très intéressants d'un jugement du tribunal de la Seine, du 16 janvier 1885, *Journal de l'Enregistrement,* art. 22, 409, p. 159 et s..., année 1885.

Voir aussi Cass. 19 mars 1855. D. 1855, 1, p. 289.

(2) *Journal de l'Enregistrement,* 1880, page 269, n. 21, 300 (solution de l'administration) et le jugement visé au texte, page 267, n. 21, 299.

vait invoquer à l'égard des associations religieuses en ces quelques mots (1), qui paraîtront peut-être étrangers à la question même de l'accroissement mais qui nous semblent éclairer singulièrement le sujet. « Ainsi vous voyez les congrégations et les sociétés religieuses, lorsqu'il s'agit d'échapper à l'impôt du timbre, à l'impôt de transmission, à la taxe sur le revenu, soutenir, et soutenir triomphalement, qu'elles ne sont pas de véritables sociétés, qu'elles ne possèdent pas de véritables actions, et lorsqu'il s'agit soit de payer un droit fixe en matière d'apport, soit de ne payer que le droit de 50 centimes pour 100 sur la clause d'accroissement ou sur les mutation, elles plaident toujours triomphalement, qu'elles sont de véritables sociétés, qu'elles possèdent de véritables actions. — Telles nous les avons vues, lorsqu'il s'agissait du droit civil, plaider tour à tour qu'elles étaient des individus pour acquérir et qu'elles étaient des sociétés pour garder, telles nous les voyons, quand il s'agit du droit fiscal, plaider tantôt qu'elles ne sont pas des sociétés, qu'elles ne sont pas constituées par actions, telles nous les entendons plaider, au contraire, lorsque leur intérêt l'exige, qu'elles sont de véritables sociétés, et qu'elles sont constituées par actions... »

Et la chambre des députés, modifiant l'amendement même de M. Brisson, adopta une disposition ainsi conçue, dans son paragraphe 1 : « Les accroissements, opérés par suite de clauses de réversion *dans toutes les communautés, congrégations et associations religieuses*, sans exception, au profit des membres restants, de la part de ceux qui cessent de faire partie de la société ou communauté, sont assujettis au droit de mutation par décès, si l'accroissement se réalise par le décès, ou au droit de donation, s'il a lieu de toute autre manière, d'après la nature des biens existants au jour de l'accroissement, no-

---

(1) *Journal officiel*, 1880, page 12157, col. 1 et 2.

nobstant toutes cessions antérieures faitesentre-vifs au profit des bénéficiaires de la réversion. »

Le Sénat apporta, sur le rapport de M. Roger-Marvaise,
une double modification à ce projet ; d'une part, au lieu
de viser spécialement les communautés, congrégations et
associations religieuses, il pensa qu'il était préférable de
définir l'acte que l'on désirait atteindre, et qui était constitutif de la mainmorte ; d'autre part, il crut qu'il conve-
nait de substituer la perception d'un droit de mutation à
titre onéreux suivant la nature des biens, à la perception
d'un droit de mutation par décès ou par donation au cas
d'accroissement, au profit des membres restants, de la
part de ceux qui cessent de faire partie de l'association
par suite de clauses de réversion dans les sociétés et associations civiles qui admettent l'adjonction de nouveaux
membres (1).

De ces deux modifications, la Chambre voulut bien ac-
cepter la première, elle repoussa la seconde.

Il en résulta la rédaction définitive de l'article 4 de la
loi du 28 décembre 1880 : « Dans toutes les sociétés ou
associations civiles qui admettent l'adjonction de nouveaux
membres, les accroissements opérés par suite de clauses
de réversion au profit des membres restants, de la part
de ceux qui cessent de faire partie de la société ou association, sont assujettis au droit de mutation par décès, si
l'accroissement se réalise par décès, ou au droit de dona-

(1) Voi·i la rédaction adoptée par le Sénat, J. off. 1880, page 12850 :
« Dans toutes les sociétés ou associations civiles qui admettent l'adjonction de nouveaux membres, les accroissements opérés par suite
de clauses de réversion, au profit des membres restants de la part de
ceux qui cessent de faire partie de la société ou association sont
assujettis au droit de mutation à titre onéreux, d'après la nature des
biens existants au jour de l'accroissement, nonobstant toutes cessions
antérieures faites entre vifs au profit d'un ou de plusieurs membres
de la société ou de l'association. »

tion s'il a lieu de toute autre manière, d'après la nature des biens existant au jour de l'accroissement, nonobstant toutes cessions antérieures faites entre vifs au profit d'un ou de plusieurs membres de la société ou de l'association. »

Sous l'empire de ce texte, les congrégations, communautés et associations religieuses, que le législateur avait cru devoir s'abstenir de nommer, se trouvaient placées dans la même situation que les sociétés ordinaires. L'exigibilité de l'impôt était subordonnée, pour elles comme pour ces dernières, à la condition de l'existence simultanée, dans leurs statuts, de la double clause d'adjonction de nouveaux membres et de réversion. Par suite de subtilités juridiques, elles parvinrent à éluder la loi comme elles l'avaient fait pour l'impôt sur le revenu, le législateur édicta alors pour elles un article obscur, l'art. 9 de la loi du 29 décembre 1884, qui a donné lieu à bien des controverses et à bien des discussions, et qui, à côté des établissements religieux distingue nous l'avons vu déjà, les sociétés et associations autres que les congrégations et associations religieuses (1).

Déterminons donc les conditions d'exigibilité de l'impôt d'après ces textes :

1° Pour les sociétés et associations autres que les communautés et associations religieuses;

2° Pour les congrégations, communautés et associations religieuses.

Pour les premières, les conditions d'application de la

(1) Art. 9, loi de 1884 : « Les impôts établis par les art. 3 et 4 de la loi de finances du 28 décembre 1880 seront payés par toutes les congrégations, communautés et associations religieuses, autorisées ou non autorisées, et par toutes les sociétés ou associations désignées dans cette loi, dont l'objet n'est pas de distribuer leurs produits en tout ou en partie entre leurs membres ».

taxe, se trouvent encore dans la classe de 1880; l'article 4 de cette dernière exige trois conditions :

a) Qu'on soit en présence d'une société ou d'une association civile;

b) Que ses statuts admettent l'adjonction de nouveaux membres;

c) Qu'ils contiennent la clause de réversion.

a) Le sens de ces mots, société et association, n'est pas le même ici qu'en matière d'impôt sur le revenu. Là, ce qui était visé, c'étaient toutes les associations à but lucratif et plus particulièrement les sociétés telles que les définit l'article 1832.

Ici, ce que la loi atteint, ce sont au contraire toutes les associations, quelles qu'elles soient, que l'on puisse les qualifier d'associations sans but lucratif, ou d'associations à but lucratif; peu importe. Toute collectivité ayant des biens et présentant le caractère d'une association, sera atteinte par notre impôt si les autres conditions que la loi exige s'y rencontrent. Et nous donnerons à ce mot association, un sens plutôt large : celui qui englobant et la *société* (au sens du Code civil), et l'*association* est souvent considéré comme une antithèse au mot de *réunion*.

Il faut quelque chose de plus : l'administration exige (§ 41, instruction 2651), 1° que les biens apportés ou acquis par les associés deviennent pour la société une propriété qui durera jusqu'à sa dissolution;

2° que les associés aient sur le fonds commun un droit personnel qui les appelle au partage des biens en dépendant.

De la première règle posée par la Régie, il résulte nettement qu'une indivision ne saurait être atteinte par notre loi, à moins qu'il n'existe à côté une association (1)

_____

(1) Aussi ne saurions-nous que désapprouver le jugement du tri-

qui serait le véritable propriétaire et cacherait ses droits par l'interposition entre elle et la Régie de cette indivision même. Un être moral propriétaire n'existe pas lorsqu'il s'agit d'indivision : ce sont les communistes qui ont des droits directs sur la chose indivise ; si un accord intervient entre eux pour l'utilisation de l'objet indivis, c'est à celui-ci qu'il en faut imputer la cause ; on peut dire que logiquement on conçoit l'existence de cette chose comme antérieure à l'accord entre communistes, tandis qu'en cas de société, l'accord est antérieur à son acquisition.

Il faut de plus que les associés aient sur le fonds commun un droit personnel qui les appelle au partage des biens en dépendant. Cette règle a donné lieu à une application fort intéressante, et que nous croyons devoir rappeler ici : Une société civile avait été créée en vue de la construction et de l'administration d'un temple israëlite, le capital social avait été souscrit par les associés ; en échange de leurs souscriptions, il leur avait été remis des titres ne donnant droit à aucun intérêt ni dividende, et remboursables, sans la moindre prime, sur les bénéfices produits par l'administration du temple, soit avant, soit après la dissolution de la société.

S'il y eut eu là une association religieuse, la mort de l'un des associés eût donné lieu au payement du droit d'accroissement pour sa part. Or, pour qu'il en soit ainsi, nous avons vu que la jurisprudence du tribunal de la Seine exige la destination pieuse, la règle spirituelle, et le lien

bunal de Guingamp du 15 juillet 1892, qui admet que les bien indivis acquis par les membres d'une congrégation pour servir à la congrégation elle-même ne sont pas soumis au droit d'accroissement. Ce serait permettre aux congrégations, quelles qu'elles soient, de se soustraire au payement de l'impôt. Elles ne *posséderaient* ainsi jamais, et *occuperaient* seulement : or, le droit d'accroissement n'atteint pas les biens occupés (SIREY 1895, 2, 87). Dans le même sens ; jugement du tribunal civil de Bayonne du 2 juillet 1895. *Gazette des Tribunaux*, 21 juillet 1895.

religieux. Et il était certain que la société civile du temple
ne formait ni une réunion de personnes, soumises à une
règle spirituelle commune, ni une congrégation de membres de communautés religieuses, ce n'était donc pas une
association religieuse.

Cette société donnait-elle lieu d'autre part à la perception de l'impôt sur le revenu? Les bénéfices — cela ré-
sultait des statuts—ne pouvaient être partagés; mais l'association qui avait pour objet l'exploitation d'un immeuble
aurait constitué une société dans l'acception juridique du
mot, si les produits de cette exploitation, au lieu d'être
abandonnés à jamais par les sociétaires, avaient dû être
partagés; elle avait donc le caractère prédominant de société; elle prohibait la distribution des revenus; elle devait être imposée à l'impôt sur le revenu.

D'après les statuts de la société, les biens dépendant
de l'entreprise devaient être remis au consistoire israélite
de Paris, soit au cours de l'association, soit au terme fixé
pour sa durée, sans que les associés pussent jamais les
appréhender personnellement. — Or, l'administration veut
que l'associé démissionnaire, exclu ou décédé ait possédé
lui-même un intérêt l'appelant au partage éventuel du
fonds social. La cause de la perception fait ici défaut; car
si l'accomplissement d'une condition prévue enlève à l'associé sortant le droit de revendiquer en nature une frac-
tion quelconque des valeurs composant le patrimoine de
l'association, il n'aurait pas pour résultat de transmettre
ce droit aux associés restants. Il n'y a pas de réversion
possible. L'administration a donc raison quand elle exige que
les associés aient sur le fond commun un droit personnel
qui les appelle au partage des biens en dépendant. L'hypothèse indiquée le prouve et elle montre bien en même
temps comment une société peut être soumise à l'impôt
sur le revenu sans être astreinte au payement du droit
d'accroissement.

Il résulte également de ce principe, posé par l'administration, qu'aucun droit d'accroissement ne peut être perçu, lorsqu'on considère un établissement d'utilité publique (à moins d'un texte spécial), ou une tontine autorisée — mais qu'on le percevra au contraire en présence d'une tontine non autorisée.

b) Elle doit admettre l'adjonction de nouveaux membres.

La loi n'a point parlé du délai dans lequel cette adjonction devait avoir lieu, ni du mode suivant lequel les membres futurs de l'association pourraient y être introduits ; tout cela importe peu pour la perception de l'impôt : que l'adjonction soit admise, et le droit est exigible au décès.

c) Elle doit inscrire dans ses statuts la clause de réversion.

L'instruction administrative 2651 est fort claire : « la clause de réversion prévue dans l'article 4 de la loi du 28 décembre 1880 est celle par laquelle il est convenu que si un associé quitte la société avant sa dissolution, la part lui revenant dans le fonds social cessera de lui appartenir et sera dévolue aux autres associés. Cette dévolution est considérée par la loi nouvelle comme opérant une transmission, au profit des associés restants, de la portion appartenant à l'associé qui quitte la société dans chacun des biens meubles et immeubles dépendant de cette société. La société est considérée comme dissoute à son égard. Il est réputé avoir repris ses droits de copropriété et les avoir cédés à ses coassociés. C'est la transmission ainsi opérée qui est l'objet de l'article 4. »

Lorsque nous disons que ses statuts doivent admettre la clause de réversion, nous ne voulons point soutenir qu'il faille les expressions mêmes de réversion, réversibilité, etc. Il suffit, à notre sens (1), que la chose existe. *Non sermoni*

(1) Cela avait été méconnu par un jugement du tribunal de Com-

res, sed rei sermo subjicitur. C'est d'ailleurs ce qu'exprime l'article bien connu du Code Civil, aux termes duquel il faut rechercher dans les conventions quelle a été la commune intention des parties, plutôt que de s'arrêter au sens littéral des termes (article 1156, C. C.).

Il est à peine besoin d'ajouter, que le législateur de 1880 s'est efforcé d'empêcher de tourner les dispositions qu'il avait édictées, en ajoutant à l'article 4 ces mots « nonobstant toutes cessions antérieures, faites entre-vifs au profit d'un ou plusieurs membres de la société ou de l'association ». C'était là une précaution indispensable pour que la loi ne restât point lettre morte (1).

Pour les congrégations, communautés ou associations religieuses, la loi de 1884 a créé un régime spécial. Elle a voulu empêcher toutes les congrégations non autorisées d'échapper à l'impôt, par des subterfuges dans la rédaction de leurs statuts ; elle a peut-être voulu assimiler toutes les congrégations, indépendamment des caractères artificiels et divers à elles attribués par nos lois civiles, et les imposer toutes à raison de leur seul caractère. C'est là une question qui fut controversée ; la jurisprudence décida que les congrégations autorisées devaient être assujetties au droit d'accroissement ; le législateur de 1895 sanctionna ces prétentions : voyons si elles étaient justifiées.

piègne le 28 novembre 1888 ; la cour de Cassation l'a cassé le 23 janvier 1895 (ch. civile). Voir cet arrêt Répert. périod. a. 8487, année 1895, page 212 à 220 et les notes ; voir également S. 1895, 1, 291.

(1) La Chambre civile de la Cour de Cassation a décidé le 23 janvier 1895 (S. 1895, 1, page 291) que l'impôt édicté par la loi de 1880 est dû nonobstant toutes cessions antérieures faites entre-vifs au profit d'un ou de plusieurs membres de l'association ; mais que le droit est dû sur la *différence* entre la *valeur réelle* de la *part* de l'associé qui se retire ou décède et le montant de sa somme à rembourser. La loi du 16 avril 1895 a retiré à cette décision tout l'intérêt qu'elle pouvait présenter.

L'article 9 de la loi de 1884 étendait les prescriptions de l'article 4 de la loi de 1880 à toutes les congrégations religieuses. Le législateur de 1880 avait hésité à désigner nettement les collectivités qu'il voulait atteindre, celui de 1884 n'hésite plus. Désormais, pour que le droit d'accroissement soit dû par les congrégations, même autorisées, constituées en sociétés civiles, il n'est plus nécessaire que l'acte d'association contienne l'adjonction de nouveaux membres et la clause de réversion, les artifices des congrégations dans leurs statuts ne peuvent plus les en préserver et leurs résistances ont eu déjà pour résultat de les soumettre à un régime plus rigoureux que les autres sociétés civiles. Mais voici la difficulté. Qu'avait voulu la loi de 1884? Etait-ce seulement viser les congrégations non autorisées? ou atteignait-elle également les congrégations autorisées? Le texte pouvait prêter à l'incertitude, si on le comparait à celui de la loi de 1880.

La Régie soutint que le nouveau texte assujettissait au droit d'accroissement même les congrégations reconnues, et que, dorénavant, à la mort ou à la retraite de tout membre d'une telle congrégation, le fisc devait percevoir 11 fr., 25 pour 100 sur la part indivise que l'associé mort ou parti sera censé avoir personnellement possédée dans les biens de la personne civile et qu'il sera réputé laisser à ses coassociés.

« L'exigibilité du droit d'accroissement, disait l'instruction de la Direction de l'enregistrement (1), en ce qui concerne les congrégations, est donc désormais indépendante de l'existence des clauses d'adjonction et de réversion. Le droit de mutation à titre gratuit est acquis au Trésor par cela seul qu'un membre de l'association cesse d'en faire partie, qu'il s'agisse de son décès ou de sa retraite volontaire ou forcée. Il en est de ce droit comme

(1) Voir *Répert. de l'Enreg.* 1885, page 423.

de l'impôt sur le revenu. Il atteint toutes les congrégations sans exception, celles qui sont autorisées comme
celles qui ne le sont pas, celles qui ont emprunté la
forme des sociétés ordinaires, comme celles qui ne se
sont pas constituées en sociétés. Sous ce rapport, la loi
nouvelle a une portée plus étendue que la loi de 1880,
qui laissait en dehors de son action les congrégations
religieuses reconnues (I. 2631, § 42).

En exécution de ces instructions, la Direction de la Seine
décerna le 2 février 1886, une contrainte contre l'Institut
des frères des Écoles chrétiennes, réclamant 155 fr 63.
à l'occasion du décès de 9 membres de cet Institut.

Dans un article de l'Univers (28 septembre 1885), un
des conseils les plus compétents des congrégations religieuses, M. G. Théry, écrivait : « Les congrégations doivent résister énergiquement, se bien garder de faire au
décès de leurs membres les déclarations demandées, laisser les avis sans réponse, repousser les avances et attendre la contrainte. Il est très probable que le papier timbré
ne viendra pas, car la contrainte, c'est le procès, c'est
une décision de justice, c'est un insuccès certain pour la
régie, et c'est de plus l'avis officiel et public qu'il n'y a
rien à payer. » Le papier timbré était venu, l'institut des
frères fit opposition à la contrainte le 10 février ; et le
18 mars 1887, le tribunal de la Seine (1) donne raison à
l'administration de l'enregistrement.

Le 27 novembre 1889, la Chambre civile confirme le
jugement de 1887 et en approuve les considérants. Ses
décisions étaient appuyés sur deux motifs, tirés :

1° De ce que les termes généraux et absolus de la loi
commandent l'assimilation au point de vue du droit d'accroissement entre les congrégations autorisées et les congrégations non autorisées ;

(1) Dalloz, 1888, 3, 103 et Sirey, 1890, 1, 537.

2° De ce qu'une interprétation contraire équivaudrait à la suppression de la disposition où les congrégations autorisées sont textuellement visées.

Sur le premier motif, nous croyons qu'il y a erreur dans l'affirmation qu'il contient ; il est fort contestable que les termes de la loi commandent, en ce qui touche le droit d'accroissement, l'assimilation entre les congrégations autorisées, et les congrégations non autorisées. L'article 9 dit : « les impôts établis par les articles 3 et 4 de la loi des finances du 28 décembre 1880, seront payés par toutes les congrégations, communautés et associations religieuses, autorisées ou non autorisées, et par toutes les associations et sociétés désignées dans cette loi, dont l'objet n'est pas de distribuer leurs produits, en tout ou en partie, entre leurs membres ». Quels sont les impôts créés par les art. 3 et 4 de la loi de 1880 et qui devront être payés par toutes les congrégations, communautés et associations religieuses, autorisées ou non autorisées ? Celui de l'article 3, c'est l'impôt sur le revenu ; celui de l'article 4, c'est le droit de mutation par décès, ou de donation sur les accroissements opérés par suite de clauses de réversion. Donnons la parole à M. de Vareilles-Sommières : il dit (1) ; « l'article 9 de la loi de 1884, complété par les articles 3 et 4 de la loi de 1880, auxquels il nous renvoie, équivaut donc exactement à la formule suivante : toutes les congrégations autorisées ou non autorisées devront payer la taxe sur les bénéfices, et le droit de mutation par décès ou de donation sur les accroissements opérés par suite de clauses de réversion. Or, dans les congrégations autorisées il ne s'opère jamais d'accroissement par suite de clause de réversion, et même jamais d'accroissement quelconque : donc elles n'auront jamais à payer le droit de mutation sur les accroissements. De même qu'une

_____

(1) *L'accroissement et les congrégations*, page 51.

loi ainsi conçue : « tous les français payeront l'impôt sur les voitures » ne devrait certainement être appliquée qu'aux français qui ont des voitures, de même, un texte qui dit « toutes les congrégations payeront l'impôt sur les accroissements opérés en vertu d'une clause de réversion » ne peut être appliqué qu'aux congrégations dans lesquelles des accroissements s'opèrent, et s'opèrent par suite des clauses de réversion. » Appliquer l'impôt établi par la loi du 28 décembre 1880, aux congrégations reconnues, ce serait en réalité, créer une taxe nouvelle absolument distincte de cet impôt par sa nature et sa constitution juridique.

C'est alors que le second motif intervient ; si le droit d'accroissement, objecte-t-on, n'est exigible qu'en cas d'accroissement effectif, la disposition de loi se trouve par là même supprimée à l'égard des congrégations reconnues, bien que celles-ci y soient dénommées. Les partisans de la thèse congréganiste font remarquer que si l'article 9 de la loi de 1884, présentait sur ce point un vice de rédaction, ce ne serait assurément pas une raison pour en faire découler une modification complète de la nature de l'impôt. Il est inexact d'ailleurs que le droit d'accroissement ne puisse jamais être payé par une congrégation autorisée. L'administration l'indiquait déjà dans son instruction 2651, n° 42, il arrive parfois qu'à côté de leur patrimoine régulier et apparent, diverses congrégations reconnues possèdent, sous le régime du droit commun et en empruntant la forme d'une société, certains biens assimilables à ce qu'on a appelé la mainmorte occulte. Il y aura dans ce cas, au décès ou à la retraite de chacun des copropriétaires, payement du droit d'accroissement. La vérité, c'est que l'article 9 de la loi de 1884 n'est ainsi rédigé, que parce qu'on a réuni en un seul article les deux impôts créés en 1880 par deux articles différents. L'un de ces impôts est applicable, personne ne le conteste, à toutes les congrégations reconnues, ou non reconnues.

La loi de 1884, rappelant dans un même article les deux taxes, il fallait bien citer les congrégations autorisées sujettes à la taxe sur le revenu. Il eut été préférable de faire deux articles, toutes les difficultés fussent ainsi tombées.

Toute cette argumention était fort juridique et fort logique. Subsidiairement les congrégations invoquaient deux séries d'arguments, les uns d'équité, les autres, de droit. Ils se ramènent à cette double proposition.

1° La solution de la jurisprudence méconnait l'équité, car elle astreint les congrégations reconnues à payer deux fois le même droit pour leurs immeubles : la taxe de mainmorte et le droit d'accroissement.

2°. — Elle méconnait les principes de notre droit public : d'une part elle découvre un accroissement là où il ne peut se réaliser ; d'autre part, elle aboutit à étendre la même loi à toutes les associations reconnues, à tous les établissements d'utilité publique, alors qu'il est constant que le législateur n'y a jamais songé, parce qu'aucune réversion ne peut s'y rencontrer au profit d'individus, mais seulement au profit de la personne morale qui les domine (1).

Cette seconde série de raisons, sur lesquelles on a généralement beaucoup plus insisté que sur les premières, sont cependant beaucoup plus contestables. Que le droit d'accroissement fasse, pour les immeubles, double emploi avec la taxe de mainmorte, personne ne le conteste : mais si le législateur a voulu qu'il en soit ainsi, s'il a pensé que la mainmorte mobilière devait être atteinte d'une autre façon, ne devons nous pas nous incliner? Toute la question est de savoir s'il a voulu cela. Qu'il n'y ait pas d'accroissement dans une congrégation religieuse recon-

(1) Voir VAREILLES-SOMMIÈRES, page 55 pour le développement de cette argumentation.

nue, cela est non moins incontestable ; mais si le législateur a voulu créer une fiction d'accroissement !

La vérité dépendrait donc de la connaissance exacte de
la volonté du législateur ; et nous écartons *a priori* les
multiples arguments accessoires qui d'un côté ou de l'autre
de la barre ont été mis en avant ; ils tombent généralement à faux : n'a-t-on pas entendu dire à la tribune du
Parlement lors de la discussion budgétaire de 1895, qu'il
y avait à la mort de chaque congréganiste une transmission de parts d'intérêts, comme si la congrégation reconnue était une société ! Nous préférons quant à nous la
fiction d'un accroissement que le législateur envisage comme
un fait sur lequel il asseoit l'impôt, plutôt que cette théorie extraordinaire d'une part d'intérêt transmise par un
congréganiste qui n'a aucun droit sur le fonds social d'un
être moral qui n'est pas une société.

Quelle a donc été la pensée du législateur ? Ce n'est
pas sans hésitation que nous sommes amenés à la considération des débats préparatoires ; il est certain que des
citations isolées peuvent appuyer toute opinion quelle
qu'elle soit, et que l'argument pour porter devrait être
complet, c'est-à-dire que nous devrions citer les débats
tout entiers. Nous ne le pouvons malheureusement faire
ici, et nous ne pouvons qu'apporter l'autorité qui résulte
de la bonne foi d'un auteur qui ne saurait être ni favorable ni défavorable aux congrégations dans l'étude qu'il
leur a consacrée. Nous soutenons donc que le Parlement,
en édictant la loi de 1884, n'a jamais eu la pensée d'étendre le droit d'accroissement aux congrégations autorisées ;
il n'a voulu que combattre certaines subtilités juridiques,
que nous serions presque tentés de qualifier de frauduleuses, grâce auxquelles les congrégations visées en 1880
échappaient à l'impôt sur le revenu et au droit d'accroissement ; il a voulu que dans l'un et l'autre cas, l'administration fît abstraction de statuts juridiques contraires à

la réalité des faits. On a parlé de tout cela dans les débats préparatoires fort brefs de 1884, on n'a rien dit d'autre ; on a souvent confondu dans la discussion les deux impôts dont on traitait, mais on peut se persuader par la lecture complète des débats sur ce sujet que lorsqu'on traitait des congrégations reconnues, c'est que l'on traitait en même temps de l'impôt sur le revenu.

Prenons le journal officiel ; la discussion sur le futur article 9 — c'est alors l'article 13, — commence le 20 décembre. M. de Mackau ouvre le combat oratoire ; il démontre que « le nouvel article augmente dans une proportion considérable le droit des assujettis (il s'agit surtout de l'impôt sur le revenu) et présente une rédaction tout-à-fait défectueuse (il s'agit de la taxe d'accroissement). » C'est là le résumé de son discours, le plan qu'il annonce dès ses premiers mots (1). Et il termine en montrant que le droit d'accroissement qui ne doit point frapper les congrégations reconnues semble, d'après les termes défectueux du nouvel article, s'y appliquer cependant. La dernière phrase qu'il prononce est celle-ci : « Je vous demande de repousser cet article, parce que, dans sa rédaction même, il présente un texte absolument vicieux. »

Le rapporteur général répond qu'il ne veut point étudier en détail le nouveau projet ; il en indique les motifs, pour l'impôt sur le revenu d'abord (et nous avons à ce propos cité quelques-unes de ses paroles) ; pour le droit d'accroissement, ensuite. Voici alors ce qu'il dit, la citation est un peu longue, on nous la pardonnera « En ce qui concerne le droit d'accroissement, le raisonnement des

(1) *Journal officiel*, 1884, 21 décembre, page 2990, col. 1, ch. des députés.
(2) *Journal officiel*, 1884, 21 décembre, page 2993, col. 1, ch. des députés.

congrégations, « des sociétés qui admettent l'adjonction de nouveaux membres, et opèrent des accroissements par suite des clauses de réversion » de ces sociétés — qui ne sont pas des sociétés religieuses, mais
des sociétés définies comme vous savez — a été absolument le même. Lorsque l'agent du fisc s'est présenté
les mandataires des sociétés ont répondu : Pardon,
voici nos statuts, et, en vertu de ces statuts, nous
n'admettons pas l'adjonction de nouveaux membres;
c'est écrit. En fait, de nouveaux membres entraient,
faisaient des apports, mais il était écrit qu'ils ne devaient plus entrer. — D'autre part, disaient-ils, la
cause de réversion n'est pas écrite dans nos statuts que
voici; bien plus, elle existait autrefois, elle a été rayée,
en vertu de délibérations écrites très-régulières, qui sont
dans nos régistres, et que vous pouvez constater. Il n'y a
plus de clause de réversion, plus d'adjonction de nouveaux
membres, nous ne connaissons donc pas les dispositions
de la loi que vous voulez appliquer. » Et il ajoutait : « Il
n'est pas possible que la volonté du législateur soit ainsi
tournée en dérision, et que des privilèges injustifiables
soient maintenus au profit d'associations qui, déjà par
leur existence même, sont quelque chose d'anormal et
d'absolument privilégié (*il s'agit bien là de congrégations
non reconnues*)... Il faut supprimer les définitions qui ont
donné lieu aux abus que vous connaissez ». Le rapporteur
général parle ensuite de questions de fait, où des congrégations de femmes sont en cause; il s'agit de la loi de 1880
et de ses résultats par rapport à certaines communautés
reconnues, atteintes alors par l'impôt ; mais lequel, sinon
l'impôt sur le revenu ? Et la séance du samedi 20 décembre, au matin, se termine sur un discours de M. Boulanger et une réplique de M. de Mackau, au sujet de la taxe
sur le revenu. L'article est ensuite adopté par 393 voix
contre 89. Voilà la discussion; la leçon qui s'en dégage est

claire, indiscutable ; on n'a jamais voulu imposer le droit
d'accroissement aux congrégations religieuses reconnues,
à raison de leur seul caractère — Cela, d'après les paroles
prononcées à la Chambre des députés.

Au Sénat, le 27 décembre au matin, la discussion de
l'article 9 commence (1) avec un discours de M. Batbie,
qui remplit sept colonnes du *Journal officiel*, et le savant
professeur de droit parle sans cesse de l'impôt sur le revenu ; il ne dit pas un mot de la taxe d'accroissement ;
peut-on raisonnablement soutenir que ce maître éminent,
ait laissé volontairement de côté tous les aperçus
qu'il eût développés sur le principe d'un accroissement dans une congrégation reconnue, s'il eût pu prévoir
que l'on songeait alors à étendre les dispositions de l'article 9 à une telle congrégation. La réponse de M. Dauphin, rapporteur général, emplit 10 colonnes du *Journal
officiel* ; elle est muette également sur le droit d'accroissement. Et la séance se termine, sans qu'on ait dit un mot
du droit en question, par le vote des premiers mots de
l'article 9, les plus intéressants pour nous : « Les impôts
établis par les articles 3 et 4 de la loi de finances du 28 décembre 1880 seront payés par toutes les congrégations,
communautés et associations religieuses, autorisées et non
autorisées. » La fin de l'article fut, à la séance de l'après-
midi, adoptée presque sans discussion ; mais on ne parla
pas encore du droit d'accroissement.

Concluons de cette longue discussion que la loi de 1884
a été mal rédigée et surtout mal appliquée. *Ce n'est que
depuis le 16 avril 1895 que les congrégations autorisées sont soumises à la taxe d'accroissement* (2).

---

(1) *Journ. Offic.*, 28 décembre 1884, *déb. parl. Sénat*. page 2009.
(2) Nous n'avons pas cru devoir insister sur les détails de jurisprudence antérieure au 16 avril 1895 : nous avons indiqué les discussions

A côté des *congrégations* et *communautés*, le législateur parle des *associations* religieuses.

Que faut-il entendre par là ? Nous avons dit à propos de l'impôt sur le revenu que la notion d'association religieuse était assez flottante ; si les décisions de jurisprudence à ce sujet sont surtout intervenues à propos du droit d'accroissement, elles ne paraissent pas avoir davantage résolu le problème d'une telle définition. Le tribunal de Guingamp a eu à statuer dans les circonstances suivantes : le 21 décembre 1878, cinq frères de Lamennais, étrangers à Guingamp, ont acheter en commun une maison, dans cette ville ; les cinq copropriétaires, dont trois sont décédés déjà à Ploërmel, n'ont jamais joui personnellement et par eux-mêmes de leur acquisition, et n'ont jamais habité Guingamp depuis leur achat ; en fait, l'Institut des frères jouit de cet immeuble, et l'exploite pour les besoins et les usages de la congrégation sans le concours personnel des propriétaires ; l'Institut paye sur la jouissance de cet immeuble occupé la taxe de 4 0/0. L'in-

---

qui s'y sont présentées. Cette note, croyons-nous, suffira pour éloigner de nous le reproche d'avoir été incomplet.

Les arrêts les plus importants sont ceux du 27 novembre 1889, déjà cité, du 22 mars 1892 (Cass. req.) infirmant un jugement du tribunal d'Yvetot (S. 92, 1, 465 et la note) du 19 février 1891, du 10 mai 1893, confirmant un jugement de Rouen du 18 juin 1891 (S. 93, 1. 535) et *Journal des Notaires*, 1894, p. 338, n. 25406.

Citons encore deux arrêts récents, auxquels le lecteur désireux de connaître toute la jurisprudence se reportera aisément, les arrêts précédents étant tous indiqués en note : ᢏ

Cass. ch. req. 28 mai 1894. *Pand. franc.* 1895, 6ᵉ partie, p. 1, et s. S. 1894, 1, 519, journ. not. 95, p. 222, n. 25844.

Cass. ch. civile, 29 mai 1894. *Pand. franc.* 1895, 6ᵉ partie, p. 1, et s..., S. 1894, 1, 519.

Pour l'ensemble, *Pand. franc.* répert. au mot Congrégations, n. 1013.

S. 95, 2, 87 (note).

P. 95, 2, 87 (note).

D. 94. 2, 343 (note).

division entre les cinq congréganistes était-elle une association religieuse ? Non, répond le tribunal, le 15 juillet
1892 ; car il faut deux conditions : 1° qu'il y ait association,
2° que l'association soit religieuse ; or l'indivision n'est
pas une association ; et en supposant qu'elle soit considérée comme telle, on ne peut la qualifier de religieuse. Il
est intéressant de citer ce passage de ce jugement très
longuement motivé : « Considérant que l'association n'est
pas religieuse par le seul fait qu'elle existe entre des religieux, si les associés ne travaillent pas en commun à
un but religieux spécialement visé dans leur association
particulière ; — considérant que l'association n'est pas davantage montrée religieuse par ce fait que l'immeuble
acquis en commun par cinq congréganistes est exploité
religieusement par la congrégation dont les coacquéreurs
font partie, si les coacquéreurs, comme dans l'espèce, se
sont bornés à acheter et payer l'immeuble, toutes opérations exclusivement civiles, sans former entre eux une
association distincte et particulière pour l'exploitation
religieuse de leur achat. »

Ce jugement est manifestement contraire à l'esprit de
la loi ; outre qu'on peut fort raisonnablement soutenir
que toute association entre religieux est une association
religieuse (1) et que le jugement méconnaît le sens donné
au mot association par notre loi, il est incontestable
qu'aucune différence ne saurait être faite suivant que les
congréganistes coacquéreurs exercent eux-mêmes dans
l'immeuble acquis des actes ayant un caractère religieux,
ou que ces actes soient exercés par d'autres membres de
la congrégation dont ils font partie. Une telle jurisprudence aurait pour résultat incontestable de supprimer
toutes nos lois sur le droit d'accroissement ; les acquisitions des congrégations non autorisées sont nécessaire-

(1) Tribunal de Saint Flour, 8 juillet 1891, S. 1894, 2, 284.

ment faites au nom de leurs membres ; et les congrégations autorisées useraient du système des prête-nom (1).
Nous pensons pour notre part, avec M. l'avocat général
Cruppi, que les tribunaux s'appliqueront à dégager le droit
des circonstances de chaque procès, et nous compléterons
cette remarque par une observation : le droit d'accroissement atteint d'une part les sociétés admettant la clause
de réversion, et d'autre part les congrégations, communautés et « association religieuses ». Ce dernier mot n'a
été placé par le législateur que pour compléter les deux
premiers ; l'association religieuse est la société de religieux qui groupe les moyens d'action de la congrégation,
et qui ne se préoccupe que du but poursuivi par elle et
non de bénéfices pécuniaires à réaliser ; si elle a en vue
et principalement, des bénéfices à partager, il faut alors
la clause de réversion et celle d'adjonction de nouveaux
membres. Enfin nous croyons avec M. Wahl que l'association qui comprend à la fois des ecclésiastiques et des
laïques n'est plus religieuse, à moins que l'affiliation des
dernières à l'association ne soit frauduleuse et faite uniquement pour échapper au fisc.

Une telle conception diffère de celle du tribunal de la
Seine (2) que nous avons rapportée à propos de l'impôt
sur le revenu. Il exigeait que tous les membres de l'association appartinssent au même ordre religieux ou au
moins qu'ils fussent du clergé régulier. Le tribunal de
Saint-Flour (3) en a jugé différemment le 8 juillet 1891 :
« il importe peu que les associés n'aient pas prononcé de
vœux religieux, et que l'association n'ait ni liens spiri-
tuels avec l'évêché, ni rang dans la hiérarchie catholique,
ces éléments, essentiels au point de vue des statuts de

(1) Note au SIREY, 1895, 1, page 147, col. 1.
(2) SIREY, 1892, 2, 23, enregistrement contre Société de l'école Fé-
nelon.
(3) SIREY, 1894, 2, 281.

l'Église, ne l'étant pas, aux yeux de la loi civile pour constituer une association religieuse. » De même la Cour de cassation (1) a décidé que l'on pouvait considérer comme une association religieuse tombant sous le coup de l'article 9 de la loi du 29 décembre 1884 une société civile formée par actions en vue de l'enseignement primaire entre divers membres d'une congrégation religieuse et plusieurs prêtres, s'il résulte du rapprochement des diverses clauses de l'acte de société que les contractants n'ont pas eu en vue de tirer un bénéfice personnel de leur association et si aucun dividende n'a été versé.

Il appartiendra donc aux tribunaux de décider suivant les circonstances de la cause ; la loi ne précise pas les associations religieuses qu'elle veut atteindre et le commentateur s'inspirera des idées directrices qui ont présidé à sa confection. On avouera que nul article n'est plus obscur que l'article 9 de notre texte.

Ainsi donc, d'après nos lois la personne morale de droit ou de fait est censée dissoute à l'égard de l'associé, qui cesse d'en faire partie, et celui-ci est supposé transmettre aux associés restants une quote-part du patrimoine commun. Il n'y a pas, dans cette législation, à tenir compte des charges de l'association ; qu'elle qu'en soit l'importance, elles ne sauraient modifier l'objet de la mutation, tant que la déduction du passif successoral n'aura pas été votée par le Parlement.

En vertu de la fiction de la loi, chaque congréganiste, *dans un établissement reconnu* est censé transmettre une part de succession égale au quotient de le fortune de la compagnie divisée par le nombre des congréganistes au

(1) Sirey, 1895, 1, 145, 3 janvier 1891.
Compar. Rouen, 4 octobre 1890, S. 1892, 2, 127.
Cass. 23 janvier 1893, S. 1893, 1, 481.

moment du décès. La congrégation a 100 membres, l'impôt est perçu sur 1/100 du patrimoine· La question s'est
cependant posée de savoir si l'on devait faire des distinctions suivant la qualité des membres de la communauté ;
il y a dans une congrégation des religieux profès, des
novices, des convers, etc... Tous les auteurs sont d'accord
pour distinguer avec les statuts mêmes des congrégations,
deux catégories de personnes : elles qui se préparent à la
vie religieuse, et celles qui y sont incorporées ; ce sont
celles-ci seulement qui sont visées par la loi fiscale.
Quant aux distinctions entre les religieux proprement
dits, établies par les usages de la congrégation, par ses
règles particulières ou par les lois canoniques, elles sont
inopposables à l'administration (1) ; « que ces distinctions
portent sur les personnes elles-mêmes, sur les fonctions
des religieux, sur les obligations qui leur sont imposées,
sur l'étendue, la nature et la durée de leurs vœux, sur
leur participation plus ou moins directe à la nomination
des supérieurs, sur les facilités d'administration de leur
fortune personnelle qui leur sont accordées, ou sur les entraves absolues ou relatives qui y sont apportées, ces
usages, ces règles, ces lois n'existent pas civilement, du
moment que la loi française ne les a ni visées, ni consacrées dans les constitutions des congrégations ». Pas de
différence donc, entre les religieux de chœur et les convers, dont les fonctions sont moins hautes ; les uns et les
autres sont assujettis à des obligations aussi strictes que
les religieux proprement dits ; ils sont sous une même
autorité ; ils ont droit à une même protection ; et, dans
les conditions prévues par la loi de 1815 (24 mai), ils par-
ticipent aux mêmes avantages.

On ne tient pas compte non plus de la qualité de la

----

(1) Lacoste-Lareymondie, *Manuel à l'usage des congrégations
religieuses*, 2e appendice, page 62.

maison, en d'autres termes, on perçoit l'impôt pour la
congrégation entière et non pour la maison-mère ou pour
la succursale. Une telle question ne peut d'ailleurs se poser pour les congrégations d'hommes autorisées ; mais il
n'en est pas de même des congrégations de femmes ; et,
si l'on reconnaît comme dépendants de la maison-mère
pour la perception du droit d'accroissement, comme pour
celle de l'impôt sur le revenu, les diverses succursales,
si l'on ne reconnaît qu'un patrimoine unique, c'est que
l'on ne saurait admettre que le déplacement d'une religieuse envoyée d'une succursale dans un autre établissement de la communauté puisse constituer une retraite
donnant ouverture au droit sur les biens de la succursale,
quittée par la religieuse sur l'ordre de la supérieure.

Doit-on distinguer entre les biens ? Oui. A la différence
de ce que nous avons vu pour l'impôt sur le revenu, on
ne tient pas compte des biens *occupés*. Pour qu'il y ait mutation, il faut que le religieux ait un droit réel sur un bien ;
il ne peut en être ainsi pour un bien qui n'est pas *possédé*.

Toutes les observations jusqu'ici présentées touchent
plutôt l'assiette de l'impôt que sa perception ; toutes
avaient leur intérêt pour l'explication de la loi de 1895,
qui, en laissant subsister la plupart des dispositions antérieures relatives à l'assiette n'a apporté de sérieuse modifications qu'au point de vue de la perception. Il n'y a donc
lieu d'insister sur ce dernier sujet que si les principes
étudiés ont présenté et présentent encore un intérêt au
point de vue de la théorie ou au point de vue de l'histoire
du droit d'accroissement, tel qu'il s'est insensiblement
constitué.

Dans le régime des lois de 1880 et 1884, chaque décès
nécessitait une déclaration, appuyée de pièces justifica-

tives sur la consistance et la valeur des biens servant à établir le droit de mutation ; cela en droit. En fait, l'administration tolérait une déclaration unique pour l'établissement des accroissements opérés par suite de plusieurs décès ; la déclaration collective avait l'avantage de simplifier le travail des agents et d'éviter aux représentants des congrégations des formalités répétées. Une double condition était exigée en compensation de cette faculté ; c'était d'une part, que les déclarants indiquassent à côté des noms et prénoms de chaque décédé, la consistance et l'estimation de la portion de biens qu'il était censé transmettre ; c'était d'autre part, que la valeur des biens meubles et immeubles fût sensiblement égale pendant toute la période embrassant les décès ou les retraites collectivement déclarés. Il y avait là une mesure d'ordre intérieur, de pure forme ; chaque décès compris dans une déclaration collective devait faire l'objet d'une perception particulière, comme s'il eût été déclaré séparément.

Outre les facilités de forme ainsi données à la congrégation, il y avait là une notable économie ; une seule déclaration entraîne une seule quittance et aussi un seul droit de timbre.

Mais les difficultés étaient sensiblement plus compliquées quand il s'agissait de déterminer où la déclaration devait être faite.

La question qui s'est présentée maintes fois devant les tribunaux était celle de savoir si pour la perception du droit de mutation par décès, exigible à raison des accroissements qui se produisent par décès dans les congrégations autorisées, la déclaration des biens passibles de l'impôt doit être passée conformément aux prescriptions de l'article 27 de la loi du 22 frimaire an 7, c'est-à-dire aux bureaux dans le ressort desquels ces biens ont leur assiette, ou si, ces biens peuvent être, quelle que soit leur situation, déclarés à un bureau unique quelconque, et,

en tous cas, au bureau du domicile du déclarant ou du
siège social.

Toute la question dépend d'une interprétation de texte :
l'article 9 de la loi de 1884, qui, selon la jurisprudence a
étendu à toutes les congrégations l'impôt de la loi de
1880, s'est référé à l'article 4 de cette dernière, ainsi
conçu dans ses dispositions finales : « les accroissements
opérés... sont assujettis au droit de mutation par décès,
si l'accroissement se réalise par le décès, ou aux droits de
donation, s'il a lieu de toute autre manière, d'après la nature des biens existant au jour de l'accroissement, nonobstant toutes cessions antérieures faites entre-vifs au profit
d'un ou de plusieurs membres de la société ou de l'association. La liquidation et le payement du droit auront
lieu dans la forme, dans les délais et sous les peines
établis par les lois en vigueur pour les transmissions
d'immeubles ».

Ce renvoi à la législation existante n'indique pas « quelles
sont les transmissions d'immeubles » dont les règles devront être suivies pour là liquidation et le payement du
droit d'accroissement ; mais comme l'article 4 de la loi
de 1880, a assimilé, pour l'application du tarif, les accroissements aux transmissions par décès ou aux donations,
la logique commande de conclure que les règles de perception visées par le paragraphe final sont celles qui gouvernent chacune de ces transmissions. Il faut donc appliquer aux accroissements par décès les règles concernant
la perception du droit de mutation par décès, et aux
accroissements entre-vifs les règles relatives aux donations.

Or, prenons les règles de mutation par décès ; l'art. 27
de la loi de frimaire nous les donne : « Les mutations de
propriété ou d'usufruit seront enregistrées au bureau de
la situation des biens. Les héritiers, donataires ou légataires, leurs tuteurs ou curateurs, seront tenus d'en passer

déclaration détaillée. S'il s'agit d'une mutation au même
titre de biens meubles, la déclaration en sera faite au bureau dans l'arrondissement duquel ils se seront trouvés au
décès de l'auteur de la succession. Les rentes et les autres
meubles sans assiette déterminée lors du décès seront déclarés au bureau du domicile du décédé... »

Il suit de là qu'à la mort d'une congéganiste, *déclara-*
tion devra être faite au bureau de son domicile 1° des
créances, rentes et autres meubles incorporels, 2° des biens
corporels mobiliers et immobiliers situés dans l'arrondissement de ce bureau ; mais que d'autres déclarations seront
nécessaires pour les biens de la 2ᵉ catégorie si le congréganiste en possède dans le ressort d'autres bureaux ;
mais il faut que le *de cujus* ait eu un droit personnel et
direct sur l'immeuble ou le meuble corporel ayant une
assiette déterminée. S'il ne fait de déclaration en son nom
que par suite de sa qualité de congréganiste, étant donné
que la congrégation reste propriétaire du patrimoine
commun et qu'en droit il ne se produit aucune mutation,
il faut s'attacher à une fiction ; ce qui est censé se transmettre, c'est une part d'intérêt dans une société ; et c'est
par suite le paragraphe 4 de l'article 27 de la loi du 22
frimaire an 7 qui est applicable ; les biens meubles sans
assiette déterminée sont déclarés au bureau du domicile
du décédé ; une seule déclaration sera donc nécessaire.

C'est aussi l'opinion de M. Testoud ; dans un article où
il approuve l'arrêt de la Chambre civile du 27 novembre 1889, il écrit (1) : « il y a un point cependant à propos duquel nous serions tenté de croire que les prétentions des congrégations devraient être accueillies. La
Régie a pensé que la taxe d'accroissement, en cas de
décès d'un congréganiste, devait être assimilée, sous le
rapport du mode de perception, au droit de mutation par

_____

(1) *Revue critique,* 1891, page 293 *in fine.*

décès et elle a prescrit des déclarations multiples dans
tous les bureaux où la congrégation possède des biens
ayant une assiette fixe. Tout le monde connait les dangers
et les exagérations auxquels peut conduire cette procédure, en raison surtout de la disposition de l'article 2 de
la loi du 27 ventôse IX. Nous croyons que, dans le cas de
congrégation autorisée, la régie est dans l'erreur. Il n'y
a pas de transmission, ce n'est donc pas le cas d'appliquer
les règles suivies en matière de succession. D'autre part,
en admettant même qu'il y ait transmission, cette transmission ne peut avoir pour objet qu'un droit incorporel,
sans situation fixe. L'unité de déclaration, pour la perception de la taxe, nous semble donc inévitable. » Cette
doctrine avait été adoptée par la Chambre des requêtes,
le 13 janvier 1892, l'administration de l'enregistrement
ne l'admit point pour cela et des jugements multiples
suivirent l'arrêt de Cassation, les uns admettant, les autres
repoussant ses conclusions.

La Régie et les jugements qui ont suivi son système
admettent que le congréganiste a un droit sur *chacun
des biens de la congrégation;* ils appliquent par suite
l'article 27, alinéa 1, suivant lequel « les mutations de
propriété ou d'usufruit par décès seront enregistrées au
bureau de la situation des biens »; donc, concluent-ils,
la prescription doit être faite dans chacun des bureaux
dans le ressort desquels la congrégation a des biens, sur
la valeur de la part du congréganiste décédé dans ces
mêmes biens. Sans doute, par suite de l'application parallèle de l'article 2 de la loi du 27 ventôse IX : « la perception
du droit proportionnel suivra les sommes et valeurs, de
vingt francs en vingt francs inclusivement et sans frac-
tion » il arriverait qu'une valeur de quelques centimes
serait imposée autant qu'une valeur de vingt francs, de
telle sorte que si une telle majoration se produisait dans
un certain nombre de circonscriptions, elle constituerait

un surcroît d'impôt équivalent à la confiscation des biens
appartenant aux congrégations (1). Mais, il n'y a pas, en
matière fiscale, à se préoccuper des conditions d'équité.

Les congrégations, d'autre part, faisant remarquer que
la loi de 1880, ne se réfère aux lois en vigueur pour les
transmissions d'immeubles que pour la *forme*, les *délais*
et les *peines* mais qu'elle se tait sur le *lieu du payement*,

(1) On peut voir sur les conséquences du système des déclarations
multiples, le discours de M. Clausel de Coussergues, à la séance de
la Chambre des députés du 9 décembre 1890 : on peut lire la *consul-
tation de MM. Bosviel et Louchet* sur la question, pages 24 et s...

Voici un exemple donné par le *dictionnaire des droits d'enregistrement*, t. 6, nº 1525 :

Supposons une congrégation comprenant 1000 membres et possédant d'une part, au siège de la maison-mère, pour 500.000 francs de
biens, et d'autre part, dans le ressort de 100 bureaux différents, pour
200.000 francs.

Supposons qu'il se produise 20 décès par an ; l'accroissement
résultant de chaque décès portera sur une valeur de 700 francs
$\left(\frac{700.000}{1000}\right)$ francs.

Si la déclaration a lieu au bureau du siège social, il sera perçu à
l'occasion de chaque décès, au taux de 9 pour 100, une somme de
78,75, décimes compris, soit pour 20 décès, 1575 francs.

Si l'on suit le système des déclarations multiples, il devra être payé,
pour chaque décès :

1º Au bureau du siège de la maison-mère, sur 500 fr. $\left(\frac{500.000}{1.000}\right)$,
soit.. 56 fr. 25

2º Dans chacun des autres bureaux, sur 2 fr. $\left(\frac{200.000}{100 \times 1.000}\right)$,
soit 20 francs, car la perception du droit proportionnel
suit les sommes et valeurs de vingt francs en vingt francs
(l. 27 vent. an 9, art. 2). ce qui donne avec les décimes
$2,25 \times 100$, soit.................................... 225
                                                    ‾‾‾‾‾‾‾‾
                                                    281 fr. 25

Ce qui donne pour *20* décès la somme de 5.625 francs au lieu de
1575.

On voit par là l'intérêt de la question ; on peut même supposer
des exemples où les droits à percevoir pour un seul décès, avec le
système de la déclaration multiple, dépassent la quotité des sommes
transmises par accroissement.

l'administration de l'enregistrement répond que l'expression *forme* est synonyme de formalité, qu'elle embrasse dans sa généralité toutes les conditions intrinsèques d'un acte ou d'une déclaration, et sans la réunion desquelles cet acte ou cette déclaration serait irrégulier et incomplet. M. Albert Wahl (1) réplique « que si on fait rentrer le *lieu de paiement* dans la *forme*, il faudra l'y faire rentrer aussi bien pour le droit de donation que pour le droit de succession ; or, c'est un principe qu'il n'y a pas de *lieu de payement* fixé pour le droit de donation, et que les parties acquittent ce droit où elles le veulent ; la Régie applique journellement ce principe au droit d'accroissement dû en cas de retraite d'un congréganiste (2). »

Ajouterons-nous de part et d'autre des arguments tirés des travaux préparatoires ! c'est là croyons-nous une œuvre inutile, car ils ne prouvent pas grand chose. Cependant, dans l'intérêt de l'harmonie de notre étude, nous esquisserons brièvement l'évolution des dispositions qui nous occupent.

D'après le projet de la chambre des Députés, l'article relatif au droit d'accroissement (c'était alors l'article 6 du projet) établit deux droits :

Celui de mutation par décès pour les accroissements réalisés par le décès, celui de donation pour les accroissements réalisés de toute autre manière. Par corrélation, il établit deux modes distincts de perception :

a) Pour les accroissements par décès, il renvoie aux lois en vigueur pour les successions ;

b) Pour les accroissements entre-vifs aux lois en vigueur pour les transmissions d'immeubles.

(1) *Revue critique*, 1893, page 142.
(2) On applique alors l'art. 4 de la loi du 27 ventôse an IX et l'art. 26 de la loi du 22 frimaire VII, aux termes desquels l'acquéreur doit déclarer la mutation dans le délai de trois mois, et peut le faire dans n'importe quel bureau.

Aux droits de mutation par décès ou de donation, le
Sénat substitue un droit de mutation à titre onéreux et il
ajoute : « la liquidation et le payement de ce droit auront
lieu dans la forme, dans les délais et sous les peines établies par les lois en vigueur pour les *transmissions d'immeubles* » ; on supprime donc « les lois en vigueur pour les
successions » ce qui était naturel puisqu'on se refusait à
voir dans la clause de réversion une libéralité et qu'on y
voulait découvrir un acte à titre onéreux.

La Chambre accueille fort mal cette double modification,
elle rétablit le droit de mutation à titre gratuit, mais elle
répète avec le Sénat que le droit est dû « dans la forme,
les délais et sous les peines établis par les lois en vigueur
pour *les transmissions d'immeubles* ». La Chambre a-t-
elle entendu revenir entièrement à sa première rédaction,
distinguer entre les transmissions d'immeubles par succession et par donation, ou assimiler les unes et les autres et leur appliquer les règles de l'article 26 in fine de la
loi de frimaire aux termes, duquel « les actes sous signature
privée peuvent être enregistrés dans tous les bureaux indistinctement. » On peut discuter sur ce point à l'infini et
toutes les solutions sont soutenables, si l'on s'appuie
sur des phrases isolées d'orateurs divers.

Quoiqu'il en soit, les tribunaux étaient en désaccord et
se partageaient en deux camps, les uns admettant la déclaration unique, les autres la déclaration et le payement
multiples. C'est alors qu'intervint un jugement qui eut
beaucoup de retentissement, celui du tribunal de Libourne,
le 29 juillet 1892. Il adopte un système éclectique : avec
la régie, il déclare que le congréganiste a aux yeux de
la loi, un droit sur chacun des biens appartenant à la congrégation, et qu'en conséquence, conformément à l'article 27, alinéa 1er, une déclaration doit être faite dans
tous les bureaux où la congrégation a des biens ; avec la
Cour de Cassation, il admet qu'il n'y aura cependant lieu

qu'à une seule perception ; car il ne résulte pas de là que dans chacun de ces bureaux, les droits dussent être perçus sur la valeur des biens existant dans le ressort de ces bureaux. Toute son argumentation se résume en ceci : la loi a atteint les mutations et non les déclarations. Ce principe nous paraît incontestable. Et cependant en combinant des articles de nos lois d'enregistrement, comme le tribunal d'ailleurs l'avait fait lui-même pour asseoir sa théorie, certains auteurs ont combattu ces conclusions (1).

Ce qu'il importe de remarquer, c'est que les résultats des trois doctrines étaient également blâmables.

Les principes admis par la Chambre des requêtes (2) conduisent aux conséquences suivantes :

1° La part du congréganiste étant un objet mobilier unique ne pourra être inventoriée (art. 27 de la loi du 22 frimaire VII) ni contrôlée par les congrégations estiment à leur gré (art. 14, n° 8) et la Régie, qui n'a pas d'inventaire ne peut assurément ni faire vendre une part sociale ni provoquer l'expertise d'un meuble !

2° D'après la jurisprudence, une part sociale est déclarée pour sa valeur *nette*, ce qui n'est pas le droit commun des successions et ce qui permet une fraude facile, par l'extension indéfinie des dettes.

Dans ce système, les congrégations échappent à l'impôt.

Dans celui de la régie, elles y sont par trop assujetties ; une seule doctrine est juste, celle du tribunal de Libourne, mais elle n'est peut-être pas conforme à la loi.

La controverse existait-elle également pour les congrégations non autorisées ?

(1) Voyez WAHL, note au SIREY sous le jugement de Libourne, S. 93. 2, page 197.
(2) Voyez WAHL. *Revue crit.*, 1893, page 143.

En droit, il nous paraît bien que oui; en fait, la question a moins d'importance.

La loi fiscale, d'après la jurisprudence, ne fait aucune distinction entre les congrégations autorisées et les congrégations non autorisées. Sans doute, dans ce dernier cas, l'impôt est établi, non sur fiction légale, mais sur une transmission réelle; encore est-il vrai que cette transmission porte sur une part socialesans assiette déterminée. La loi de 1880 qui laissait en dehors de ses dispositions les congrégations autorisées n'a pas voulu modifier la nature des biens transmis, mais seulement la nature de la transmission. Avant comme après, il s'agit d'une part d'intérêt, et c'est le bien transmis; avant, il s'agit d'une transmission à titre onéreux, après, d'une transmission à titre gratuit, et c'est là la transmission elle-même. Si un droit de mutation à titre onéreux a été remplacé par un droit de mutation à titre gratuit, ce n'en est pas moins, comme autrefois, une action mobilière qui est transmise, pour laquelle une seule déclaration est nécessaire.

En fait, la question a moins d'importance, parce que d'habitude, les biens sont répartis entre autant de sociétés civiles que la congrégation compte de couvents; ces couvents sont juridiquement indépendants les uns des autres; aussi l'accroissement n'a-t-il jamais que peu d'importance.

Quoiqu'il en soit de toutes ces discussions de doctrine ou de jurisprudence, l'opinion publique s'était agitée, et la question fut à maintes reprises portée au Parlement.

Le 9 décembre 1890, plusieurs amendements au Budget furent proposés et repoussés. Le 1ᵉʳ était ainsi rédigé par M. Clausel de Coussergues (1):

« Pour l'application, en cas de décès, de l'article 9 de

(1) Page 2506 et s... *Officiel*. Chambre des Députés.

la loi du 29 décembre 1884, il sera fait une déclaration
unique, au siège principal des établissements y énoncés.

Le second, de M. Freppel (1), était ainsi conçu :

« Pour l'application de l'article 9 de la loi du 29 décembre 1884, il sera fait une déclaration unique, soit au siège
social des congrégations, soit au bureau du domicile du
décédé. »

Le ministre des finances promit de déposer un projet
modifiant les impôts, si les injustices qu'on lui avait signalées étaient par lui vérifiées ; peut-être à cause de cela, à
coup sûr par suite des obstacles que les congrégations
apportaient à la perception de l'impôt, un projet de taxe
de remplacement fut déposé par M. Rouvier le 4 juin
1892 (2). Le projet fut ajourné le 11 février 1893, après
un discours de M. Brisson qui après avoir cité le jugement de Libourne, s'écriait : « Vous avez à l'heure actuelle
un document judiciaire qui peut devenir la règle de la
régie. C'est elle et uniquement elle, non pas en vertu
d'un texte, mais en vertu de son interprétation qui créait
la difficulté relative à la multiplicité des perceptions. Oui,
maintenez la multiplicité des déclarations, parceque seul
le receveur du lieu où sont situés, soit les biens immobiliers, soit les biens mobiliers à assiette déterminée, a
véritablement compétence pour juger la sincérité de la déclaration, mais ne multipliez pas, par un abus qu'il dépend de vous, administration de l'enregistrement, de ne
pas commettre, ne multipliez pas la perception et vous
rendrez absolument inutile la loi nouvelle qui ne fait que
diminuer la vigueur des liens dans lesquel vous avez essayé
en 1880 et en 1884, d'enfermer les congrégations (3). »

---

(1) Page 2513.
(2) Page 1141. Chambre. Annexes, 1892. Voir rapport sur ce projet, page 1791.
(3) *J. O.* 12 février 1893, Chambre, page 537.

Ce discours ne tranchait rien ; il ne pouvait évidemment avoir force interprétative ; il n'était que l'exposé d'une opinion personnelle à M. Brisson ; la difficulté dura jusqu'à la loi du 16 avril 1895.

La déclaration faite — et bien faite — au lieu et dans les conditions voulues, doit être contrôlée ; et nous sommes ainsi amenés à l'étude que nous avions déjà annoncée en traitant de l'impôt sur le revenu, et qui, commune à bien des égards aux deux impôts avant 1884, l'est plus encore depuis que la loi de 1895 a établi pour l'un et l'autre une base commune. Elle a trait à ce qui a été appelé par les uns le *droit de vérification,* par les autres, le *droit de communication* ; et comme les questions du principe même du droit d'accroissement et de la multiplicité ou de l'unité des déclarations, c'est à propos des congrégations reconnues qu'elle s'est produite.

La distinction des établissements publics et des établissements d'utilité publique est récente ; on peut dire qu'elle a été *inconnue* de nos rédacteurs de lois, pendant toute la première moitié de ce siècle ; et c'est à cause de son incertitude même que les difficultés en notre matière, se sont élevées.

Le 22 août 1882, une décision ministérielle déclare que « le droit d'investigation conféré à la Régie sur les écritures des établissements publics par le décret du 4 messidor an XIII et par les lois des 23 août 1871 (art. 22) et 21 juin 1875 (art. 7), doit être appliqué aux congrégations et établissements religieux reconnus, lesquels *sont assimilés a des établissements* publics. » Nous remarquons que la décision ne dit pas que les congrégations religieuses sont des établissements publics, mais seulement que des textes spéciaux les assimilent à ces établissements.

La difficulté résidait presque uniquement dans l'interprétation de l'article 1er du décret du 4 messidor an XIII,

ainsi conçu : « Les receveurs des droits et revenus des
communes et de tous autres établissements publics ; les
dépositaires des registres et minutes d'actes concernant
l'administration des biens des hospices, fabriques, églises, et
tous autres établissements publics, sont tenus de communiquer sans les déplacer, à toute réquisition, aux préposés
de l'Enregistrement leurs registres et minutes d'actes, à
l'effet pour lesdits préposés de s'assurer de l'exécution des
lois sur le timbre et l'enregistrement ».

D'autres dispositions ont étendu le droit de l'administration, particulièrement l'art. 22 de la loi du 23 août 1871
et l'art. 7 de la loi du 21 juin 1875. Les congrégations
religieuses sont-elles au nombre des établissements assujettis aux vérifications des agents de l'enregistrement ;
c'est uniquement par l'interprétation du décret de messidor que la difficulté peut être résolue, avant 1884.

Dans notre ancien droit, les congrégations religieuses
comptaient parmi les établissements que nous eussions
appelés *publics* ; les fermiers étaient fondés à demander
communication de leurs registres, liasses et minutes aux
greffiers des institutions ecclésiastiques et à ceux des domaines des gens de mainmorte. Ce droit leur avait été
formellement reconnu par une déclaration du roi du 20
mars 1708. Or, on devait entendre par gens de mainmorte, suivant la définition de Bosquet, reprise plus tard
par Merlin « tous les corps et communautés tant eclé-
siastiques que laïques qui sont perpétuels, et qui, par une
subrogation de personnes censées être toujours les mêmes
ne produisent aucune mutation par mort».

Ces corps et communautés comprenaient d'une manière
générale toutes les sortes d'établissements que nous divi-
sons aujourd'hui en établissements publics et d'utilité
publique et que Thouret désignait sous ce nom qui les
englobait tous : «établissements d'utilité générale ».

Les congrégations religieuses se trouvaient ainsi, comme

12

gens de mainmorte, corps ou communautés, soumises aux
vérifications des agents de la ferme, et l'autorité judiciaire
du temps dut plus d'une fois consacrer cette obligation.

La Révolution survient, les ordres religieux sont supprimés puis se reforment petit à petit, tandis que la ferme
est remplacée par l'Enregistrement, pour le recouvrement
des taxes sur les actes ou les mutations (loi des 5-19 décembre 1790); l'administration nouvelle voulut user des
anciens règlements, le droit de surveillance lui ayant été
confirmé par l'article 51 de la loi du 22 frimaire VII. Il y
eut de nombreuses protestations et le décret de l'an XIII intervint. Dans l'esprit du législateur de l'époque, les communautés autrefois comprises sous le nom de gens de
mainmorte rentraient directement dans la catégorie des
Établissements publics, le mot étant pris dans un sens
synonyme d'Établissements d'utilité générale (1); et par
conséquent toutes les congrégations religieuses reconnues
doivent en 1882, comme elles y étaient astreintes autrefois, subir l'exercice du droit de communication.

Voudrait-on appliquer en notre matière l'interprétation
rigoureuse, qui est de règle en matière fiscale? Encore ne
saurait-on oublier que d'autres textes qui s'appliquent aux
congrégations religieuses, les envisagent cependant comme
des *établissements publics*, qualification au sujet de laquelle
règne une confusion extrême. Les articles 910 et 937 ne
parlent que des établissements d'utilité publique et citent
à côté des établissements publics; il est reconnu qu'ils
s'appliquent aux uns et aux autres. La loi du 2 janvier 1817
réunit dans ses prescriptions tous les établissements ecclésiastiques, quels qu'ils soient. L'ordonnance du 2 avril 1817
traite des dispositions à titre gratuit au profit des « églises,
archevêchés et évêchés, chapitres..., *hospices, communes*,
et en général de tout établissement *d'utilité publique*,

(1) Voir article de M. BÉQUET, *le Droit*, 8, 9, 10, 11 juin 1881.

et de « toute association religieuse reconnue par la loi.... »
La confusion ici est à son comble ; l'ordonnance a parlé d'é-
tablissements publics et elle ajoute : et en général de tout établissement d'utilité publique, ce qui devrait prouver que l'on
considérait alors comme établissements d'utilité publique
ceux des établissements cités que nous considérons aujourd'hui comme établissements publics ; et qu'il eût fallu
mettre dans la même catégorie les associations religieuses
reconnues, ou les ranger dans une espèce particulière
d'établissements. La loi du 16 janvier 1824, article 7, accorde le bénéfice du droit fixe aux acquisitions des communes, hospices et séminaires, fabriques, *congrégations
religieuses...*, et *généralement* de tous *établissements
publics* légalement autorisés (la loi du 18 avril 1831 supprime cette immunité). Les mêmes incertitudes nous ont
été montrées par le texte de la loi du 20 février 1849, sur
la taxe de mainmorte.

Ce qui semble résulter de tous ces textes c'est que la
loi a voulu faire une situation identique à tous les établissements religieux quels qu'ils soient, parce qu'elle a voulu
pour tous un régime simultané de surveillance et de protection.

Avant d'indiquer quelle avait été la jurisprudence sur
notre question, indiquons un problème parallèle qui
s'était ainsi posé : « les congrégations reconnues sont-
elles obligées de tenir leurs écritures sur un registre
timbré, et, par conséquent, celles qui ne l'ont point fait
sont-elles passibles d'amendes? » La régie citait à l'appui
de sa prétention l'art. 12 de la loi du 13 brumaire an VII,
assujettissant au droit de timbre établi à raison de la
dimension tous les papiers à employer pour les actes et
écritures soit publics, soit privés, savoir « les registres
des receveurs des droits et des revenus des communes et
établissements publics » ; elle le rapprochait de l'article 3
du décret du 4 messidor XIII : « A l'avenir les établisse-

ments publics pourront tenir, pour les actes relatifs à
leur administration deux registres : l'un pour les actes de
police intérieure, et sans aucun rapport avec des personnes étrangères à l'établissement ; et l'autre, pour les
actes d'administration temporelle et extérieure. Le premier registre sera exempt de timbre ; aucun acte sujet à
l'enregistrement ne pourra être inscrit sur ce registre. »
Ces deux textes eux aussi visent les établissements
publics ; et dans tous les cas, selon nous, la question
n'est point de savoir si les congrégations sont ou non des
établissements publics, mais bien plutôt de rechercher si
le législateur, quels que soient les termes employés,
entendrait comprendre dans l'expression choisie les
congrégations religieuses reconnues. Le caractère de
l'établissement est peu (1) ; l'intention du législateur est
tout.

Quant à la jurisprudence, elle n'a, semble-t-il, ni
accepté ni repoussé toutes les prétentions administratives ;
elle a fait un choix ; elle a reconnu le droit de vérification
à la régie ; elle lui a refusé le droit d'imposer le timbre
aux registres de l'établissement. La loi de 1884 qui est
ensuite intervenue, a consacré dans un texte formel, les
principes admis par la jurisprudence. L'article 9 assujettit
les sociétés dont il parle aux vérifications autorisées par
l'article 7 de la loi du 21 juin 1875.

La jurisprudence, suivie par le législateur, avait surtout
été guidée par des considérations d'ordre pratique ; pour
que l'administration pût établir un défaut de déclaration,
il fallait qu'elle justifiât d'un décès ou d'un départ ; cette
justification devait résulter d'actes ou d'écrits, et il serait
fort difficile à l'administration pour les établir de provo-

---

(1) Un auteur a prétendu que les congrégations religieuses reconnues n'étaient ni des établissements publics, ni des établissements
d'utilité publique (*Revue cath. des Inst. du droit*, 1882, 2e sem.,
p. 364 et s.).

quer des enquêtes, de demander des interrogatoires sur
faits et articles, ou d'exiger une comparution personnelle,
on sait, en effet que, d'après les articles 64 et 65 de la loi
du 22 frimaire an VII, l'introduction et l'instruction des
instances en matière d'enregistrement doivent se faire par
écrit. Eût-on pu, d'autre part, exiger de l'administration
la représentation d'un acte de l'état civil ; et si la jurisprudence constante permet d'invoquer des présomptions
tirées de faits constants au procès, c'est-à-dire de pièces
écrites et régulièrement portées à sa connaissance (S. 62.
1. 324. — S. 76. 1. 168), sur quels écrits l'administration eût-elle pu se baser sinon sur le registre du personnel.
De là, l'arrêt du 14 mai 1889 (1) (ch. reg.) intervenant à
la suite du jugement du tribunal civil du 21 janvier 1888,
il donne à l'administration le droit de porter ses investi-
gations *même sur des exercices antérieurs à la mise* en
vigueur des lois qui lui donnent cette faculté ; il n'y a pas là
violation de droits acquis. Il n'y a pas du reste à distinguer
entre les registres privés et ceux destinés à être produits :
« La disposition générale et absolue de l'article 9 § 3 de
la loi du 29 décembre 1884, qui soumet les congrégations,
communautés et associations religieuses, autorisées ou
non autorisées aux vérifications indiquées dans l'article
7 de la loi du 21 juin 1875, autorise la demande de communication des registres de comptabilité relatifs à la situation du personnel de la congrégation et ne permet pas de
distinguer entre les actes et documents soumis ou non à
l'impôt du timbre ou de l'enregistrement. » L'administration, dit le même arrêt, peut prouver l'existence de ces
documents à l'aide de simples présomptions ; un arrêt de
la Cour de cassation, du 18 mars 1887, décide de même,

(1) Affaire congrégation des dames bernardines de Notre-Dame de
la Plaine. S. 90. 1. 275. Comparer S. 88. 1. 277 et *Journ. du Palais*, 1888, 1. 654.

« attendu, qu'il est impossible qu'il n'y ait pas eu de tout
temps un corps de comptabilité pour le fonctionnement
du pensionnat ; que les entrées et sorties en religion ont
nécessairement donné lieu à la rédaction de documents
quelconques pour le règlement des intérêts pécuniaires ;
que les considérations judiciaires derrière lesquelles a été
abrité le refus de communiquer les pièces semblent au
contraire impliquer l'aveu de leur existence (1) ».

Le droit de vérification avait donc été accordé d'une
manière absolue, avant 1895 ; la seule restriction mise
aux pouvoirs de l'administration était la défense à elle
faite de tirer de sa toute-puissance un parti illégal (S. 84-
2-224). En dépit des efforts des congrégations, la jurisprudence a été plus loin encore et elle a admis des présomptions lointaines dans un jugement du tribunal d'Orléans, du
3 mai 1893, confirmé le 19 mars 1895, par la Cour de Cassation (2) ; il a décidé que lorsque les statuts d'une congrégation religieuse accordent à la supérieure générale placée à la tête de la maison-mère, la suprématie sur tout le
personnel de la congrégation, il y a lieu d'admettre que
le registre relatif à la situation du personnel tout entier
existe au siège de la maison-mère et de considérer comme
un refus de communication le défaut de réprésentation
de ce document. Malgré tout, les congrégations religieuses
résistaient encore ; tel avait été le conseil que certains de
leurs amis avaient donné (3), et il avait abouti à cette dispo-

(1) S. 90. 1. 232 et P. 90. 1. 517.
(2) Voir *Répert. pér.* 1895, n° 8511 (aff. congrégation des religieuses bénédictines du Calvaire contre l'Enregistrement).
(3) Dans la *revue catholique des institutions du droit* de 1882,
2e semestre, p. 222 et 223, M. Théry indiquait le devoir des congrégations ; « leur rôle est bien simple, disait-il, lorsqu'on se présentera
chez elles pour vérifier leurs livres et papiers ; elles ont, sans se
laisser intimider par les menaces ou épouvanter par la crainte d'un
procès peu probable, à mettre tout simplement le receveur à la
porte ».

sition finale de l'article 9 de la loi de 1884, qui soumettait
« les sociétés dont il est question dans ses divers para-
graphes, et les congrégations religieuses entre autres,
aux vérifications autorisées par l'article 7 de la loi du
21 juin 1875 » ; les résistances avaient persisté malgré la
loi et la jurisprudence ; la réforme de 1895 les a ren-
dues vaines.

A cette époque (1), toute discussion sur le principe
même de l'impôt a été écartée, et tous les efforts du législateur se sont portés sur les moyens d'assurer la perception de la taxe, que les incertitudes de texte, les habiletés
des congrégations et les controverses de jurisprudence
avaient rendue si difficile.

Les dispositions de la loi du 16 avril 1895 peuvent se
ramener à 4 chefs principaux :

1° L'établissement d'une taxe annuelle;

2° L'exemption facultative dans des cas déterminés;

3° Les moyens donnés à l'administration pour assurer
le recouvrement de l'impôt;

4° Les règles relatives à la liquidation de l'arriéré (2).

Les congrégations et associations soumises à la taxe
sont celles qui étaient assujetties par les lois de 1880 et
1884; cela est dit formellement dans l'article 3, paragraphe 1 de la loi du 16 avril 1895 : « Le droit d'accroissement, établi par les articles 4 de la loi 28 décembre 1880

(1) Pour la discussion de la loi du 16 avril 1895, en ce qui concerne
l'accroissement, voyez le *Journal Officiel* des 17, 19, 20 mars pour
la Chambre et des 9 et 10 avril pour le Sénat.

(2) C'est la division suivie par les deux ouvrages qui ont paru sur
cette loi de 1895 : Etude théorique et pratique sur la taxe d'abonnement, par Auguste Rivet : Conférence sur le droit d'accroissement par
A. Louchet, *Bulletin de l'Institut catholique* de juin 1895.

Voyez aussi : *Lois nouvelles*, 1895, 1er juin, 15 juin, 1er juillet,
articles de M. A. CHEVRESSON.

et l'article 9 de la loi du 29 décembre 1884, est converti
en une taxe annuelle et obligatoire, sur la valeur brute
des biens meubles et immeubles possédés par les congrégations, communautés et associations religieuses, autorisées ou non, et par les autres sociétés et associations
désignées dans les lois précitées. »

Aux termes du projet gouvernemental, les dispositions
nouvelles sur la taxe de remplacement ne devaient être
appliquées qu'aux congrégations, communautés ou sociétés religieuses autorisées ou non autorisées ; elles furent
étendues, par suite de la discussion de la loi, à toutes les
collectivités atteintes en 1880 et 1884.

Dans cette même discussion, des difficultés s'étaient
élevées sur le sens des mots « valeur brute (1) » et
M. Clausel de Coussergues préférait l'expression « valeur vénale » afin de bien préciser. Le président du Conseil expliqua que, si l'on avait pris le mot « valeur brute »,
c'est parce qu'il se trouvait déjà dans la loi de 1884 ;
l'impôt sur le revenu est calculé sur la *valeur brute*.
Le sens a été précisé par la jurisprudence et il doit
être appliqué lorsqu'il s'agira du droit d'accroissement.
Et M. Liotard-Vogt, commissaire du gouvernement expliqua au Sénat (2) qu' « au point de vue juridique, et par
conséquent, au point de vue du chiffre de l'impôt, le Gouvernement ne voit aucune différence entre le terme « de
valeur brute » et celui de « valeur vénale » ; que l'idée di-
rectrice de la détermination de la valeur était la même
que celle qui avait présidé à la confection de la loi de
1884 sur l'impôt sur le revenu, et que l'on s'était arrêté
à ce système dans un intérêt de simplification et pour ne
pas doubler les chances de contestation et les occasions
d'expertise ; que d'ailleurs, le résultat que l'on obtenait

_____

(1) *Journal officiel*, 19 mars 1895, page 1007.
(2) Séance du 8 avril 1895, page 459.

ainsi était le même que si l'on déterminait la valeur des biens comme au cas de mutation par décès, c'est-à-dire en capitalisant le revenu des biens immeubles.

Cette valeur calculée comme en matière d'impôt sur le revenu (1) ne sera recherchée, à la différence, de ce que nous avons vu pour cet impôt, que d'après les biens possédés, et non d'après les biens occupés. La commission du budget avait proposé au lieu du mot « possédés » les mots « *appartenant* à celles des collectivités énumérées... » Cette expression a été repoussée comme semblant consacrer la propriété des congrégations non reconnues, mais il est certain que pour assujettir le bien d'une congrégation de ce genre à la taxe d'abonnement, il sera nécessaire que cette congrégation ait sur lui le *corpus* et l'*animus* ; la simple détention à titre précaire ne suffit pas. C'est ce que reconnaît l'instruction n° 2882, en renvoyant à celle qui déterminait le sens des mots « occupés » et « possédés », en matière d'impôt sur le revenu.

L'impôt ancien est converti en une taxe annuelle et obligatoire. On ne se préoccupera plus désormais des décès ou des retraites qui peuvent se produire ; au lieu de payer à des époques indéterminées le droit d'accroissement de 11,25 pour 100, les congrégations seront tenues de payer chaque année sur la valeur *brute* des biens *possédés,* une taxe ainsi calculée par le législateur, que le Trésor retire des droits payés une somme équivalente à celle qu'il eût obtenue par des perceptions soumises à une

_____

(1) Exposé des motifs du projet Burdeau : « Les deux impôts ayant pour ainsi dire la même assiette, pourront être acquittés en même temps sur la remise d'une déclaration unique, et seront payés au même bureau. Dans ces conditions, la régularité avec laquelle la taxe sur le revenu est recouvrée depuis bientôt dix ans constitue la plus sérieuse garantie qu'on puisse avoir du recouvrement du nouveau droit ». *Bulletin de statistique et de législation comparée,* tome 35, page 373.

périodicité incertaine variant suivant les décès ou les retraites. Cela, en vue d'un double but, si nous en croyons
l'administration elle-même : 1° de mieux assurer le payement du droit d'accroissement, 2° de prévenir les excès de
perception qui résultaient de la combinaison des lois sur
ce droit avec les lois organiques de l'enregistrement. On a
ainsi tranché les deux questions essentielles sur le droit
d'accroissement, auxquelles la loi de 1884 n'avait pas nettement répondu ; désormais les congrégations autorisées ne
pourront discuter le principe de leur imposition ; la loi est
nette ; elles ne pourront d'autre part protester contre un
mode injuste de perception ; il disparaît. Les textes nouveaux distinguent pourtant entre les congrégations, car le
taux de la taxe diffère ; voici en effet le texte de l'article 4 :
« La taxe est fixée à 0 fr. 30 pour 100 de la valeur spéci-
fiée à l'article précédent ; le taux en est porté à 0 fr. 10
pour 100 pour les immeubles possédés par celles des congrégations, communautés et associations énumérées au
même article, qui ne sont pas assujetties à la taxe de mainmorte établie par la loi du 20 février 1849 ; elle n'est pas
soumise aux décimes. »

On a beaucoup discuté sur le taux de la taxe de remplacement (1). La taxe proposée tout d'abord était de 0,30,
pour toutes les congrégations indistinctement. On était
arrivé à ce chiffre par deux routes différentes.

« D'après les données de la statistique, disait le rapport
sénatorial de M. H. Morel, les biens changent de mains
par succession tous les 35 ans ; de plus, les personnes qui
se consacrent à la vie religieuse l'embrassent généralement
de 20 à 30 ans, soit à 25 ans en moyenne. Or, à 25 ans, la
vie moyenne est de 37 ans pour les hommes et de 39 ans

---

(1) Voyez *Revue cathol. des I. du droit*, 1892, tome 1er, J. RAM-
BAUD, *rapport sur le droit d'accroissement*. LOUCHET, *op. cit.* page
405. RIVET, *op. cit.*, pages 41-56.

pour les femmes. D'un autre côté, si l'on tient compte qu'à l'heure actuelle beaucoup de religieux sont très-âgés et qu'il se produit quelques retraites, on est autorisé à penser, en combinant tous ces éléments, que si les religieux avaient un droit de copropriété dans les biens possédés par les congrégations et se les transmettaient effectivement à leur décès ou lors de leur retraite, le droit de mutation frapperait chaque année 1/30ᵉ du capital de 416 millions, soit 13.900.000 fr. et que le droit d'accroissement, s'il était payé régulièrement, produirait, au taux de 9 0/0, avec les décimes, 1.563.750 fr. Pour obtenir approximativement la même somme, sans décimes, il convient d'adopter le taux de 30 centimes p. 100 ; qui sur 500 millions en somme ronde donnerait 1.500.000 fr. »

L'administration de l'enregistrement a fait un calcul plus simple encore, en s'appuyant sur les tables de Deparcieux elle a considéré que tous les 37 ans 1/2 un décès survenait, divisant 11,25 par 37,5, elle a trouvé une perception annuelle de 0,30 pour 100 francs.

Seulement, comme les congrégations autorisées payent la taxe de mainmorte, on n'a point voulu que leur condition fût plus mauvaise que celle des congrégations non reconnues, et l'on a assujetti celles-ci à une taxe de remplacement de 0, 40 ; c'est-à-dire de 0, 10 supérieure à celle des autres congrégations.

De toutes les objections que l'on a pu faire à ce calcul, une seule nous parait empreinte de quelque vérité ; la valeur imposable n'est théoriquement plus la même ; un exemple nous le montrera fort clairement ; supposons un bien appartenant à une congrégation qui le loue 3,000 francs ; d'après les principes admis en matière de succession, pour l'évaluation, la valeur imposable sera, s'il s'agit d'un bien urbain de 3, 000 × 20, et s'il s'agit d'un bien rural de 3,000 × 25 ; ce qui donnera une valeur imposable de 60,000 ou de 75 000 suivant les cas. Sa valeur vénale est au moins de 100. 000 francs.

En l'imposant à raison de 11, 25 pour 37 ans cela nous donne 6 750 et 8 437, 50. Si nous prenons la valeur vénale, *supérieure* à la valeur estimée, sur 100 000 francs nous percevrons chaque année 300 francs, ce qui en 37 ans nous donnera 11 100. On arrive ainsi à une perception plus élevée. Il n'y a donc pas exactitude absolue dans le calcul ; et nul ne l'a prétendu. Ce qu'on a cherché, c'est un produit égal à celui qui était antérieurement prévu, par l'application d'une taxe donnant un produit sensiblement égal aux prévisions.

Au surplus, ce sont là des discussions de chiffres, et nous en aurons fini avec elles en disant que les prévisions ayant tenu compte des décimes dans leurs calculs, il était logique que l'article 4 déclarât que notre taxe « n'était pas soumise aux décimes. »

La seconde innovation importante de notre loi est contenue dans le § 2 de l'article 3, ainsi conçu :

« Ne sont pas soumis à la taxe les biens acquis avec l'autorisation du gouvernement, en tant qu'ils ont été affectés et qu'ils continuent d'être réellement employés soit à des œuvres d'assistance gratuite en faveur des infirmes, des malades, des indigents, des orphelins ou des enfants abandonnés, soit aux œuvres des missions françaises à l'étranger. » Le § 3 ajoute : « L'exemption sera accordée ou retirée, s'il y a lieu, par un décret rendu en conseil d'État. »

Cette disposition, dont l'origine remonte à l'année 1890 (1), a été attaquée, lors de la discussion, par M. de

---

(1) Séance du 6 décembre 1890. Discours de M. Flourens à propos des exemptions en matière d'impôt sur le revenu.

Marcère. L'honorable sénateur avait déposé un amendement ainsi conçu (1) :

« Supprimer le § 3 de cet article et le remplacer, par la disposition suivante : « Toutes les contestations relatives à la taxe ci-dessus fixée, soit qu'il s'agisse de l'établissement ou de l'exemption de la taxe, seront jugées comme en matière de contributions directes. »

Il prétendait que l'idée générale de la loi se trouvait dans les textes relatifs aux contributions directes, de la loi du 3 frimaire an VII : « les domaines qui sont improductifs de revenus et qui ont une destination d'utilité générale ne sont pas soumis à l'impôt, voilà le principe » et ce principe a maintes fois été appliqué par la juridiction administrative contentieuse. Sans doute, le président du conseil, dans la séance du 19 mars (2) avait demandé une procédure qui ne donnât lieu à aucune nouvelle difficulté et qui lui donnât des garanties. Or, la procédure employée en matière de contributions directes permettrait d'assurer le recouvrement intégral de l'impôt ; là serait la garantie de l'Etat. Mais, alors que dans le système du gouvernement, la garantie du contribuable est dans une bienveillance, dans celui (3) de M. de Marcère, elle serait au contraire dans un droit. Et l'auteur de l'amendement disait : « L'antagonisme entre ce que nous avons coutume de considérer comme un droit et la bienveillance gouvernementale, est si étrange, que M. le président du conseil a cru devoir le couvrir d'une raison politique. Oui, devant la Chambre ou dans les commissions, M. le président du conseil, s'expliquant sur ce point délicat a dit : Mais c'est une question d'ordre politique ; je ne peux pas laisser soumettre aux tribunaux toutes les difficultés

(1) Séance du 9 avril 1895. *J. Off.*, page 463.
(2) *J. Officiel*, page 1018, col. 1. Chambre des députés, 1895.
(3) *J. Officiel*, page 463 et s. Sénat, 1895.

qui peuvent naître de l'application de cette loi ; vous voyez bien, ajoutait-il, que les lois de 1880 et de 1884 ont fait naître des embarras considérables : il y a des réclamations sans nombre, des procès sans fin, des procédures qui ont fait du bruit. Tout cela est une agitation que le Gouvernement ne peut pas supporter ou qui, du moins, est un embarras pour lui. » Et plus loin, il ajoutait, parlant de loi du 3 frimaire an VII : « La loi de finances ne s'était occupée que du domaine public. Pourquoi ? Parce que lorsqu'on a fait la loi de l'an VII, il n'y en avait pas d'autres et que vraisemblablement si à cette époque reculée il y avait eu des établissements de bienfaisance ou d'utilité générale, il est vraisemblable que la loi de l'an VII aurait appliqué la même exemption aux biens affectés à des œuvres particulières. Il n'y en avait pas, mais le mouvement des choses produit des faits sociaux nouveaux. »

Le ministre des finances répondit fort bien qu'il y avait au fond d'une telle argumentation, une confusion. Sans doute, disait-il, la loi de l'an VII, qui s'applique à l'impôt foncier, a dispensé de l'impôt les biens improductifs qui sont affectés à un but d'utilité publique, et cela s'appliquerait même aux congrégations (1) ; mais ce dont il s'agissait ce n'était pas l'impôt foncier, mais l'impôt de mutation par décès ; or, jamais on n'a admis dans notre droit fiscal qu'il fallût se préoccuper de savoir si une propriété est ou non productive de revenus pour déterminer si elle doit être assujettie à un droit de mutation. Et d'ailleurs,

(1) Le Conseil d'Etat décide que l'exemption ne peut profiter qu'aux biens qui constituent une propriété publique et ne sont pas susceptibles de revenus : 28 février 1879, arrêts du C. d'Etat 1879, p. 190.

6 avril 1885, — — 1885, p. 398.
3 avril 1861, — — 1861, p. 220.

Les biens des congrégations ne constituent pas une propriété publique.

un précédent fort important devait entrer en considération ; lors de la création de la taxe de mainmorte, on réclamait que non seulement les congrégations, mais encore les bureaux de bienfaisance et les hospices fussent dispensés de l'impôt nouveau, et le législateur refusa d'acquiescer.

Il ne s'agit donc que d'une faveur accordée à certains intérêts supérieurs, et elle résultera d'un décret rendu en Conseil d'Etat. Il y aura là quelque chose d'analogue à ce que nous trouvons en matière de contributions directes, lorsqu'une demande en remise ou modération se produit ; un acte de juridiction gracieuse qui interviendra sur la réclamation de la congrégation autorisée. Une congrégation non autorisée ne saurait bénéficier d'un tel avantage ; cela résulte de cette expression : « ne sont pas soumis à la taxe les biens acquis avec l'autorisation du gouvernement. »

Encore faudra-t-il qu'il s'agisse d'un bien affecté à l'une des œuvres prévues par le paragraphe 2 de l'article 3, aussi ne comprendrons-nous point dans l'énumération des exemptions, celle des établissements scolaires ni celle des établissements d'assistance *non gratuite*. Le motif est trop apparent pour qu'il soit nécessaire d'y insister ; ce qu'on a voulu, c'est l'égalité devant l'impôt en même temps qu'une faveur pour certaines œuvres ; mais il ne fallait point permettre certains abus (1). De là les limitations de la loi.

Enfin, il faudra que les biens soient affectés effectivement à l'œuvre qui entraîne l'exemption. On avait d'abord songé à exiger que les biens fussent affectés à un emploi prévu par le décret même qui en avait permis l'acquisition ; il n'y eût plus eu à faire qu'une vérification maté-

---

(1) Voyez le discours de M. Goblet, le 18 mars 1895, Ch. des députés, pages 1009 et 1010.

rielle. Mais on s'aperçut que la plupart des décrets d'autorisation ne visent pas l'affectation à laquelle les biens doivent servir et qu'il fallait marquer la nécessité ultérieure de ladite affectation. On a donc fait de toutes les formalités des questions d'espèce, qui varieront suivant les circonstances; l'examen sera fait par le ministre, assisté du Conseil d'État, le gouvernement demandera les justifications qu'il estimera nécessaires, les préfets les lui transmettront avec leur avis à l'appui.

Cette étude étant consacrée surtout à l'assiette de l'impôt, nous n'insisterons que peu sur les dispositions relatives à la liquidation et au recouvrement. Outre que beaucoup n'ont qu'un intérêt passager, celles-là mêmes qui tranchent des difficultés restées incertaines, ne sont que des dispositions d'ordre et ne sauraient nous retenir longtemps.

Celles qui sont relatives aux moyens donnés à l'administration pour assurer le recouvrement de l'impôt sont contenues dans les articles 5, 6, et 7 de notre loi.

Le premier est ainsi conçu : « Le défaut de payement dans le délai fixé sera puni d'un demi-droit en sus, lequel ne pourra être inférieur à 100 francs.

Un droit en sus est exigible en cas d'omission ou d'insuffisance d'évaluation commise dans la déclaration souscrite pour l'assiette de l'impôt ».

Il est complété par les dispositions finales de l'article 4 : « Le payement en sera effectué, pour l'année écoulée, dans les 3 premiers mois de l'année suivante, au bureau de l'Enregistrement du siège social destiné à cet effet, sur la remise d'une déclaration détaillée faisant connaître la consistance et la valeur des biens ».

Ainsi, à la différence de ce qui était avant 1895, où les délais applicables variaient suivant que l'on était en présence d'un droit de succession ou de donation, désormais, le délai est de trois mois, comme en matière d'impôt sur le revenu.

La déclaration souscrite est d'ailleurs la même, mais l'impôt ne s'applique qu'aux biens possédés.

Si le contribuable ne paye pas dans le délai donné, on considère qu'il n'y a là qu'une *négligence* ; le droit à payer est un demi-droit en sus. S'il y a une omission ou une insuffisance d'évaluation on estime qu'il y a là mauvaise volonté, résistance; le droit entier est dû. Cela est conforme aux règles établies en matière de mutations par décès (art. 39, loi du 22 frimaire an VII).

Encore faut-il que l'administration puisse établir l'insuffisance ou l'omission. En présence de la jurisprudence de la chambre civile de la Cour de Cassation (24 juillet 1894) (1), le Parlement a introduit dans la loi un art. 6 ainsi conçu : « L'insuffisance d'évaluation peut être établie pour les biens meubles comme pour les biens immeubles, suivant le mode et dans les formes déterminées par les articles 17 et 18 de la loi de 22 frimaire an VII et l'article 15 de la loi du 23 août 1871 ».

Aucune explication ne sera nécessaire, lorsque nous aurons mis sous l'œil du lecteur les textes auxquels la loi de 1895 renvoie :

LOI DE L'AN VII. — *Art. 17.* Si le prix énoncé dans un acte translatif de propriété ou d'usufruit de biens immeubles, à titre onéreux, paraît inférieur à leur valeur vénale à l'époque de l'aliénation, par comparaison avec les fonds voisins de même nature, la régie pourra requérir une expertise, pourvu qu'elle en fasse la demande *dans l'année*, à compter du jour de l'enregistrement du contrat.

Art. 18. La demande en expertise sera faite au tribunal civil du département dans l'étendue duquel les biens sont situés, par

(1) S. 1805. 1. 361 et *Répert. périod.*, instruction 2882, page 451. Voir aussi RIVÈT, *op. cit.*, page 93.

une pétition portant nomination de l'expert de la nation. — L'expertise sera ordonnée dans la décade de la demande. En cas de refus par la partie de nommer son expert, sur la sommation qui lui aura été faite d'y satisfaire dans les 3 jours, il lui en sera nommé un d'office par le tribunal. Les experts, en cas de partage, appelleront un tiers-expert : s'ils ne peuvent en convenir, le juge de paix du canton de la situation des biens y pourvoira. Le procès-verbal d'expertise sera rapporté, au plus tard, dans le mois qui suivra la remise qui aura été faite aux experts, de l'ordonnance du tribunal, ou dans le mois après l'appel d'un tiers-expert. Les frais de l'expertise seront à la charge de l'acquéreur, *mais seulement* lorsque *l'estimation excédera d'un huitième* ou *moins le prix énoncé* au contrat. L'acquéreur sera tenu, dans tous les cas, d'acquitter ce droit sur le supplément d'estimation, s'il y a une plus-value constatée par le rapport des experts.

LOI DU 23 AOUT 1871. — *Art 15.* Lorsque,... il y a lieu à expertise, et que le prix exprimé ou la *valeur déclarée n'excède pas deux mille francs*, cette expertise est faite par un seul expert nommé par toutes les parties, ou, en cas de désaccord, par le président du tribunal et sur simple requête.

De cette combinaison il résulte, qu'il y aura un ou plusieurs experts, suivant que la valeur déclarée est inférieure ou supérieure à 2000 francs. La régie ne pourra réclamer l'expertise que dans le délai de 1 an à partir du jour de la déclaration dans laquelle l'insuffisance présumée a été commise. Quant aux frais, le droit commun leur est applicable (1).

Du droit commun résulte aussi la disposition de l'article 7, § 1 : « Le privilège accordé au Trésor par l'art. 32 de la loi du 22 frimaire pour le recouvrement des droits de mutation par décès, s'applique à la taxe établie et aux

(1) Dans le projet de budget, les frais étaient toujours à la charge des congrégations, pourvu qu'il y eut une insuffisance quelconque. Cette disposition a disparu dans les discussion de la loi.

amendes prononcées par la présente loi. » Certains auteurs
ont prétendu qu'il y avait là dérogation au droit commun ;
il y a là une erreur ; ce privilège existait sous le régime
des lois de 1880 et 1884 : mais il y a toujours eu controverse pour décider si le privilège du Trésor s'étendait aux
droits et demi-droits en sus. M. Garnier pense que oui ;
mais la jurisprudence est fort divisée (1).

Le § 2 de l'art. 7, au contraire est une nouveauté dans
la loi (2) : « Pour les associations religieuses reconnues
dit-il, l'action en recouvrement de la taxe sera valablement dirigée contre le supérieur ou la religieuse, et, pour
toutes les autres associations, contre tout membre agrégé
à un titre quelconque aux dites associations ». Cette disposition fait remarquer, l'instruction 2882, se rapporte
uniquement à la représentation des associations débitrices dans les instances et procédures, elle n'a ni pour
objet ni pour conséquence de constituer leurs représentants
débiteurs de l'impôt autrement qu'en leur qualité d'associés.

Les règles de liquidation de l'arriéré se trouvent dans
les articles 8 et 9 de la loi. Leur intérêt, passager, n'existe
pour ainsi dire déjà plus. Transcrivons-les, en guise de
commentaire.

L'article 8 accorde aux congrégations, communautés et
associations qui, au moment de la promulgation de la loi,
seraient débitrices de droits d'accroissement, un délai de
six mois à partir de cette époque pour se libérer sans pénalité, mais à la condition de rembourser au Trésor tous
les frais qu'il aurait exposés contre elles.

Elles pourront opter entre l'application des règles an-

(1) *Répertoire de l'Enregistrement*, 7e édition, au mot Succession, n° 1456, pages 416 et s.
(2) L'amendement Brisson contenait cependant une disposition
analogue.

ciennes et celle des règles établies par la loi nouvelle,
sans pouvoir toutefois se prévaloir des exemptions que
nous avions signalées plus haut. Si elles choisissent l'application des textes nouveaux, la taxe annuelle sera calculée
à compter du jour de la naissance de la plus ancienne
créance du Trésor et liquidée sur la valeur brute des biens
meubles et immeubles, telle que cette valeur aura été déclarée et constatée pour le payement de l'impôt sur le
revenu, ou à défaut, au moyen de la déclaration prévue
par l'article 4 de la loi du 16 avril 1895. Dans ce cas, le
payement des droits sera effectué sur une déclaration
unique présentée au bureau du siège social.

Faute par elles de s'être libérées dans le délai imparti
ci-dessus, les congrégations, communautés et associations
devront acquitter, sans préjudice de tous frais exposés, la
taxe annuelle calculée comme il vient d'être dit, à compter
du jour de l'ouverture de la plus ancienne créance du
Trésor. Elles seront en outre passibles *d'une amende égale*
à la moitié de la taxe exigible.

L'article 9 est relatif aux prescriptions et péremptions
d'instance ; elles sont suspendues pendant les six mois
accordés aux congrégations pour opter entre l'ancien mode
de perception et le nouveau. Déjà dans l'attente de la loi
nouvelle avaient été édictées des suspensions, d'abord par
la loi du 27 décembre 1894, article 6, puis par la loi du
23 février, article 5 ; mais elles ne partaient que du
1ᵉʳ janvier 1895, et elles ont pu être acquises auparavant
au profit des congrégations (1).

_____

(1) Tribunal de la Seine, 28 juillet 1895. *Gazette du Palais, rec.*
mensuel, page 437.

CONCLUSION

Lorsque l'on traite des congrégations, on ne saurait confondre les aspects multiples sous lesquels se montrent à nous les difficultés qu'elles présentent; envisagées en elles-mêmes les congrégations ont une nature propre, et tous les auteurs s'accordent à la reconnaître; mais il n'y a là encore qu'un *point de vue juridique et économique;* considérées dans leurs manifestations objectives, elles suggèrent des craintes, des appréhensions, des espérances et des haines; c'est qu'alors le *point de vue politique* est apparu. Nous ne saurions nous attarder à envisager celui-ci; de peur d'émettre des appréciations critiquables quelles qu'elles fussent, nous ne nous sommes attachés qu'à celui-là.

Il nous a paru incontestable que les congrégations religieuses, par la perpétuité de leur existence et la continuité de leurs efforts soustrayent une masse considérable de richesses au mouvement de la circulation et les augmentent sans cesse; le financier ne peut l'oublier et il doit rechercher pour ces établissements *singuliers* une législation spéciale, qui, compensant pour le fisc la perte qui résulte pour lui de l'absence des mutations, le fasse en même temps participer par l'impôt, à cet accroissement progressif du fonds social dont la coopération continue des congréganistes et la diminution des frais généraux dans les dépenses de leur vie journalière sont les causes; mais il ne saurait d'autre part méconnaître l'idée de justice qui lui conseille d'exempter de toutes charges les biens affectés à des œuvres de bienfaisance, de charité, en un mot d'utilité générale, dans

la mesure où la loi autorise cette affectation et est capable de la contrôler.

Le législateur a-t-il atteint ce but et son œuvre est-elle
définitive ? voilà ce que nous pourrons dire lorsque nous
aurons esquissé ce qui dans les dispositions qu'il a édictées peut être loué, blâmé et modifié.

Dans les congrégations reconnues comme dans celles
qui ne le sont point, l'impôt sur le revenu atteint les augmentations du fonds social, et le principe même de l'impôt
n'a guère été attaqué ; il en est autrement des détails de
son application. Qu'il vise directement et en les nommant
les congrégations religieuses, peu nous importe ; l'impôt
personnel n'est point fait pour nous choquer et il faut bien
admettre que si les biens possédés par les congrégations
acquièrent de leurs possesseurs même une nature propre,
la loi a raison de désigner ceux-ci. Mais il nous paraît
que deux critiques de détail subsistent ; la première est
fondamentale : pourquoi les biens des congrégations reconnues, affectés à une des œuvres d'utilité publique dont
nous parlions plus haut ne sont-ils pas exemptés comme
en matière de taxe d'accroissement ; les motifs qui l'ont
fait admettre pour celle-ci doivent le faire reconnaître pour
l'impôt sur le revenu ; mais une telle faveur ne saurait
être étendue aux biens des congrégations non reconnues ;
elles existent en fraude de la loi, les acquisitions et les
affectations ne sauraient être contrôlées lorsqu'il s'agit de
leurs biens. La seconde est d'un ordre tout différent ; le
forfait de 5 0/0 ne devrait pas être étendu à des biens qui
manifestement produisent un revenu moindre et que les
congrégations s'efforceront de ne plus posséder ; nous
voulons surtout parler des rentes sur l'État ; de droit commun elles sont affranchies de la taxe de 4 0/0 ; ici, elles
la supportent ; et d'autre part, alors que leur revenu in-
contesté est de 3 ou 3 1/2 pour 100, il est toujours considéré comme étant de 5 0/0.

La taxe de mainmorte n'atteint que les congrégations reconnues ; elle représente des droits de mutation à titre onéreux et à titre gratuit sur les immeubles qui sont leur propriété : le droit d'accroissement fait donc en partie double emploi avec elle puisqu'il atteint également et les biens meubles et les biens immeubles. La différence de 0, 10 centimes, qui existe entre le taux de l'impôt pour les congrégations autorisées et celles qui ne le sont pas, n'est point, semble-t-il, de nature à compenser pour les premières la surcharge qui résulte du droit de mainmorte ; il n'y a d'ailleurs là qu'une question de calcul ; et si nous ne sommes pas loin de penser que le taux de 0, 30 pour 100 soit un peu trop élevé, nous applaudissons en revanche en tous points les règles qui régissent, en notre matière, les congrégations non autorisées. Il faut que la législation fiscale leur fasse une condition qui les force à se soumettre au contrôle de l'État, et peut-être contribuerait-on à ce résultat en accordant aux congrégations reconnues une situation meilleure que celle qui leur est faite aujourd'hui.

Au surplus, constatons que le régime fiscal actuel auquel sont soumises les congrégations est un régime de transition ; outre des réformes directes qui sont probables (1), les projets divers de refonte de nos impôts amèneront indirectement des changements profonds : que la distraction des charges en matière de succession soit votée et les congrégations en profiteront ; qu'une taxe représentative des droits de transmission par décès soit applicable aux valeurs au porteur et le droit d'accroissement en ressentira un contre-coup sensible, enfin que l'impôt sur le revenu soit admis, et tout l'édifice fiscal que nous avons décrit s'écroule.

(1) Voyez Chambre des députés, *Débats parlem.* du 13 décembre 1895, page 2931.

Une telle description avait son intérêt dans l'originalité
même des impôts qu'elle comprenait : l'impôt sur le revenu qui n'est ni un impôt direct ni un impôt indirect,
la taxe de mainmorte et le droit d'accroissement, impôts
directs, représentatifs d'impôts indirects et perçus par
deux administrations distinctes; peut-être même y a-t-il
une réforme possible et utile dans la réunion de toutes
ces taxes entre les mêmes mains; mais ce sont là encore
projets d'avenir. Et nous n'avons eu qu'une prétention :
exposer impartialement ce qui était lorsque nous avons
écrit cette étude (1).

(1) Il existe une série de difficultés que nous avons considérées
comme « à côté de la question »; voici l'indication des deux principales d'entre elles :
L'une concerne l'existence de congrégations étrangères possédant
des biens en France ou de congrégations françaises ayant des biens
à l'étranger. Elle est du domaine du *droit international* et se ré-
sout par l'application des principes des sociétés et des successions.
L'autre appartient à la *procédure civile* ; elle concerne la résistance possible des congrégations et les voies d'exécution qu'elle peut
entraîner : particulièrement, le caractère d'insaisissabilité des pensions alimentaires de religieuses ayant appartenu à des congrégations
autorisées crée des problèmes juridiques complexes, auxquels M. Robert a consacré une des nombreuses brochures qu'il a publiées sur
notre sujet.
Nous avons tenu à indiquer ici-même une lacune que l'on eut pu
nous imputer à faute si elle n'eût été volontaire.

<hr>

Vu par le Président de la Thèse :

ANDRÉ WEISS.

Vu par le Doyen:

COLMET DE SANTERRE.

Vu et permis d'imprimer :

Le vice-recteur de l'Académie de Paris,

GRÉARD

TABLE DES MATIÈRES

CHAPITRE III

L'IMPÔT DE 4 0,0 SUR LE REVENU

CHAPITRE IV

LE DROIT D'ACCROISSEMENT

Orléans. — Imp. G. MORAND, 47, rue Bannier.

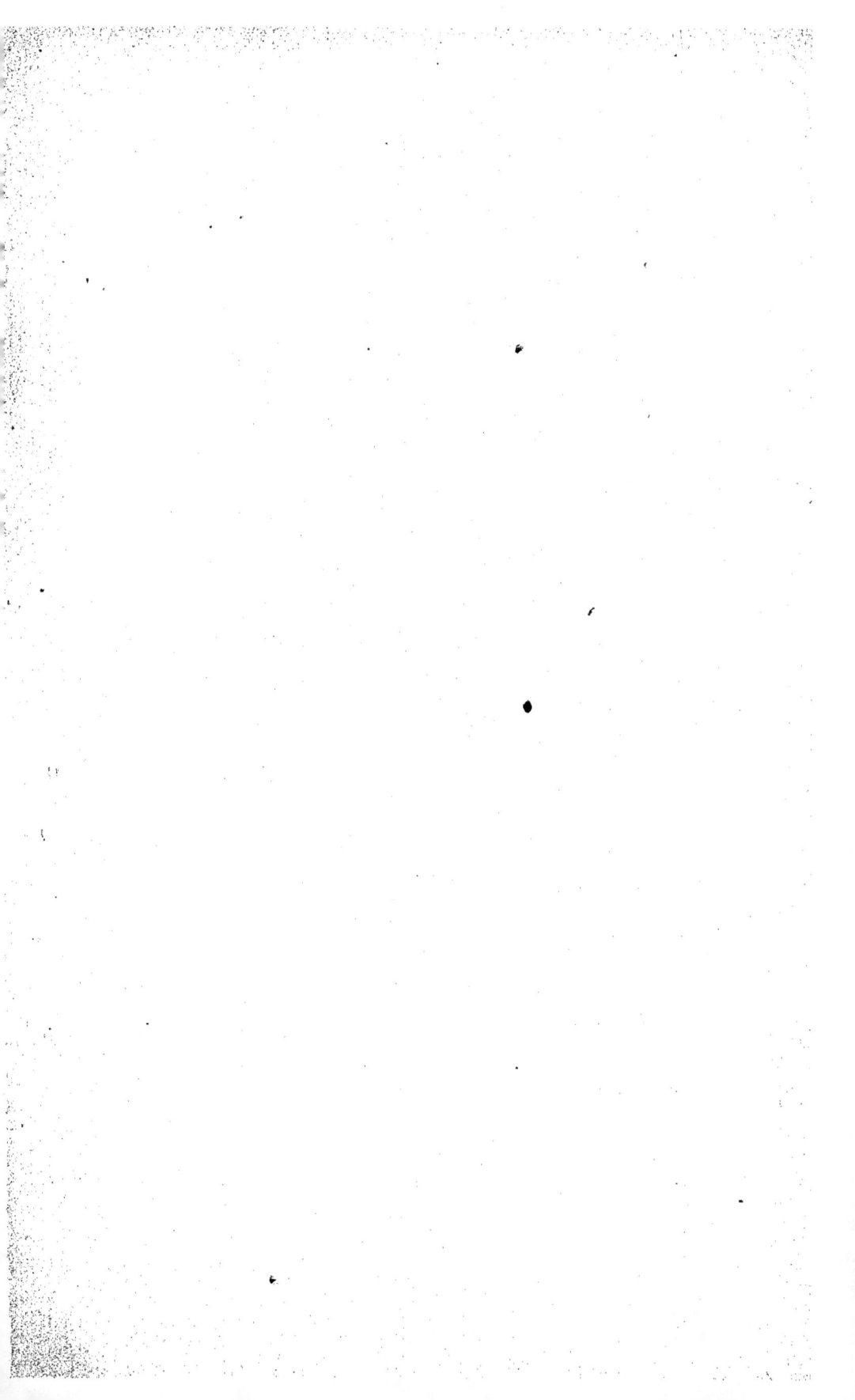

www.ingramcontent.com/pod-product-compliance
Lightning Source LLC
Chambersburg PA
CBHW070532200326
41519CB00013B/3025